D1753403

Architektur des Frühmittelalters und der Romanik

Ulrike Laule – Rolf Toman – Achim Bednorz

Architektur des Frühmittelalters und der Romanik

MOEWIG

COVERBILD **Speyer, Dom**

FRONTISPITZ **Maria Laach, Benediktiner-Klosterkirche,** gegr. 1093, Weihe der Krypta 1156, Vollendung des Chors 1170, des Paradieses 1230/40, Westansicht mit Paradies

Copyright © edel entertainment GmbH, Hamburg
www.moewig.de   www.edel.de

Text: Ulrike Laule
Text Profanarchitektur: Barbara Borngässer
Fotos: Achim Bednorz
Layout: Peter Rieprich
Illustrationen: Pablo de la Riestra

Sonderausgabe
Alle Rechte vorbehalten

Printed in China

ISBN 978-3-86803-247-5

Inhalt

Formenkunde des romanischen Sakralbaus	6
Architektur des Frühmittelalters	16
Sakralarchitektur der Romanik	28
Sakralarchitektur in Frankreich	30
Sakralarchitektur in Deutschland	72
Sakralarchitektur in Italien	94
Sakralarchitektur in England	116
Sakralarchitektur in Spanien und Portugal	128
Sakralarchitektur in Skandinavien	144
Profanarchitektur der Romanik	148

Frühmittelalter und Romanik

Pablo de la Riestra

Formenkunde des romanischen Sakralbaus

Die überwiegende Zahl der Bautypen des mittelalterlichen – wie überhaupt des gesamten abendländischen – Sakralbaus weist eine Längsstreckung auf: Das ein- oder mehrschiffige Langhaus führt in einer Hauptachse auf das sakrale Zentrum, den Altarraum im Chor, zu. Dieser ist in der Regel nach Osten als dem Ort der Heilserwartung ausgerichtet. Kirchen mit Längsstreckung bezeichnen wir hier als erste Hauptgruppe. Eine zweite Hauptgruppe bilden die Zentralbauten.

Innerhalb der ersten Hauptgruppe lassen sich verschiedene Bautypen unterscheiden. Wesentliches Unterscheidungskriterium ist die Gestaltung des Langhauses. Je nach dessen Form bzw. Aufbau spricht man von einer Basilika, einer Hallenkirche oder von einer Saalkirche.

Der Bautypus der *Basilika* setzt ein mehrschiffiges Langhaus voraus und ist durch dessen Aufbau bestimmt. Das Mittelschiff ragt so weit über die Seitenschiffe hinaus, dass die in die Hochschiffwände (Obergaden) eingelassenen Fenster für einen direkten Lichteinfall im Mittelschiff sorgen. Ist das Mittelschiff zwar erhöht, aber ohne Fenster gestaltet, so spricht man von einer Pseudobasilika.

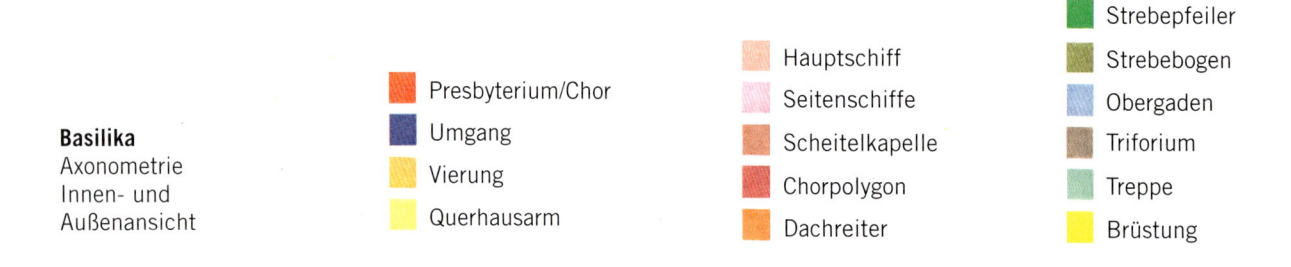

Basilika
Axonometrie
Innen- und
Außenansicht

- Presbyterium/Chor
- Umgang
- Vierung
- Querhausarm
- Hauptschiff
- Seitenschiffe
- Scheitelkapelle
- Chorpolygon
- Dachreiter
- Strebepfeiler
- Strebebogen
- Obergaden
- Triforium
- Treppe
- Brüstung

Formenkunde des romanischen Sakralbaus

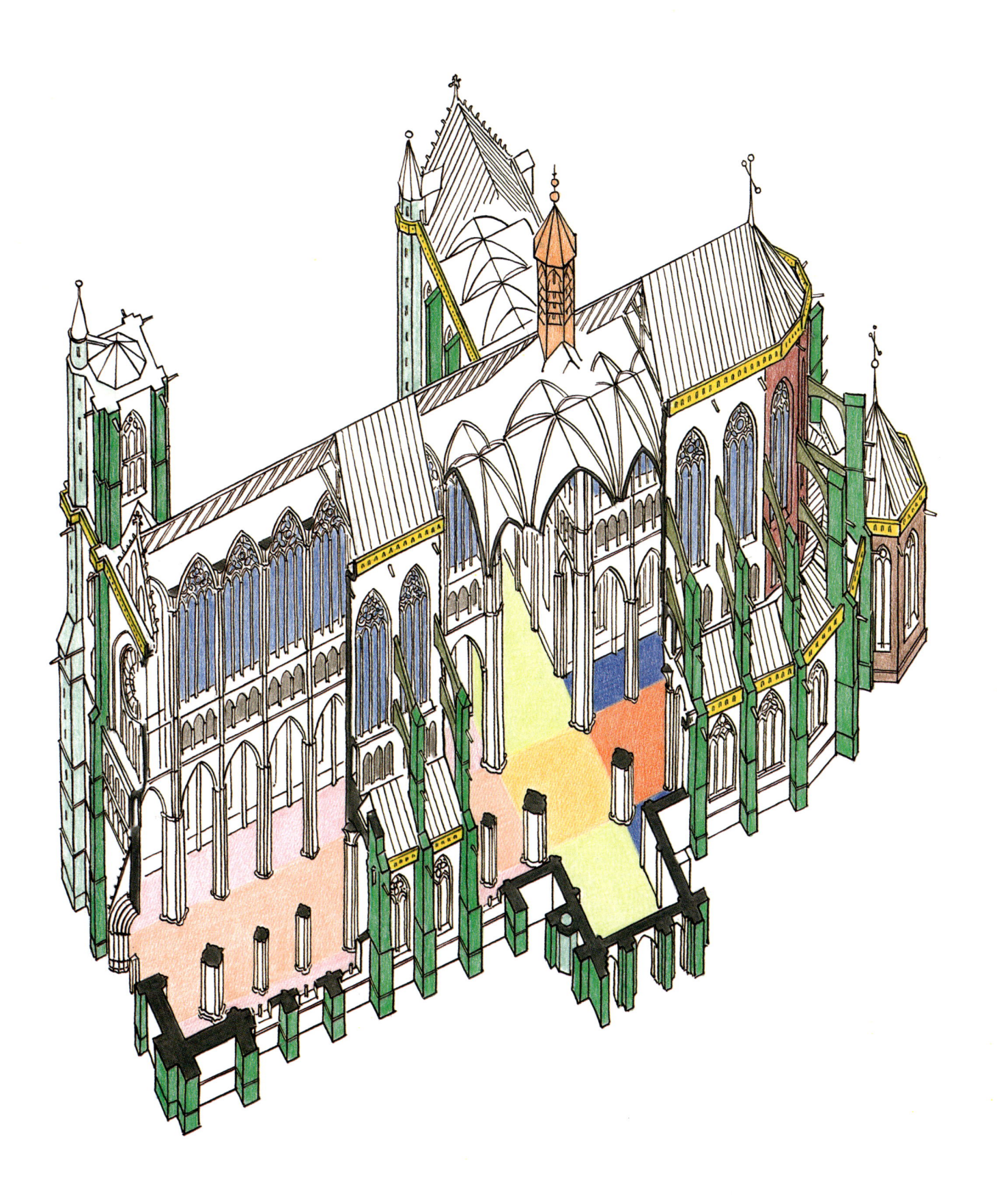

Frühmittelalter und Romanik

Die Hallenkirche

Die übliche Hallenkirche besitzt drei Seitenschiffe. Es gibt aber auch Hallenkirchen mit zwei und solche mit fünf Schiffen. Im Unterschied zur Basilika haben das Mittelschiff und die Seitenschiffe hier jedoch die gleiche oder annähernd gleiche Höhe, wobei das Mittelschiff sein Licht durch die Fenster der Seitenschiffe erhält. Ist das Mittelschiff erhöht, spricht man von einer Staffel- oder Stufenhalle.

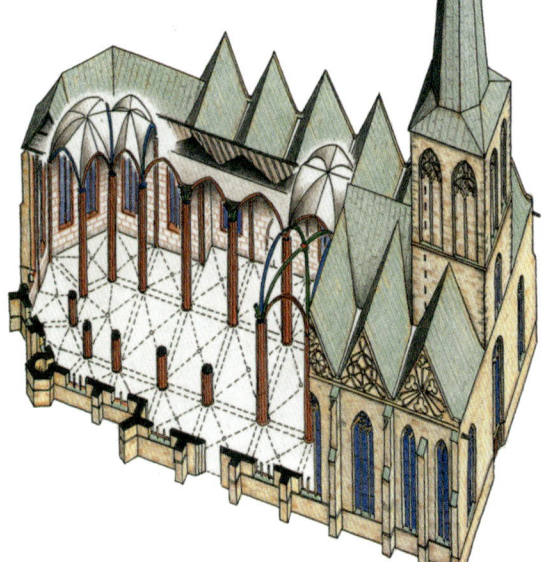

Die Saalkirche

Bei der Saalkirche handelt es sich um einen einschiffigen Bau, der nicht durch Stützen gegliedert ist. Kommen Stützen oder andere gliedernde Elemente hinzu (z. B. in Joche unterteilte Gewölbe), spricht man von einer einschiffigen Kirche.

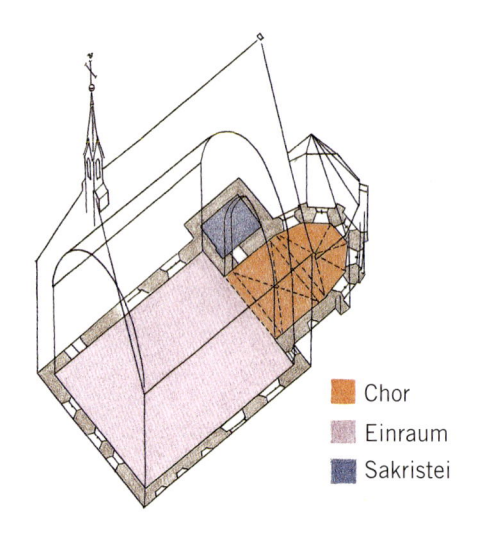

■ Chor
■ Einraum
■ Sakristei

Der Zentralbau

Im Unterschied zu Basiliken und Hallenkirchen, die auf eine Längsachse hin ausgerichtet sind, handelt es sich bei Zentralbauten um Baukörper, deren Teile auf einen Mittelpunkt bezogen sind. Der Grundriss, über dem der Bau errichtet ist, kann ein Kreis oder ein regelmäßiges Vieleck (Polygon), eine Ellipse oder gar ein Quadrat sein. Der Raum wird häufig von einer Kuppel abgeschlossen.

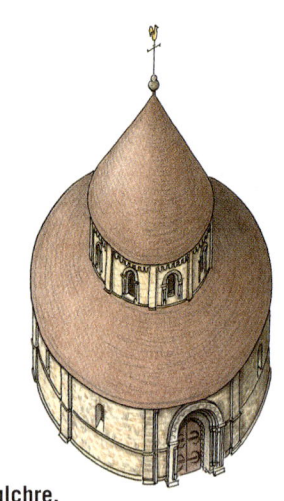

Cambridge, Holy Sepulchre, um 1120

Querschnitt Hallenkirche

Querschnitt Staffelhalle/Stufenhalle

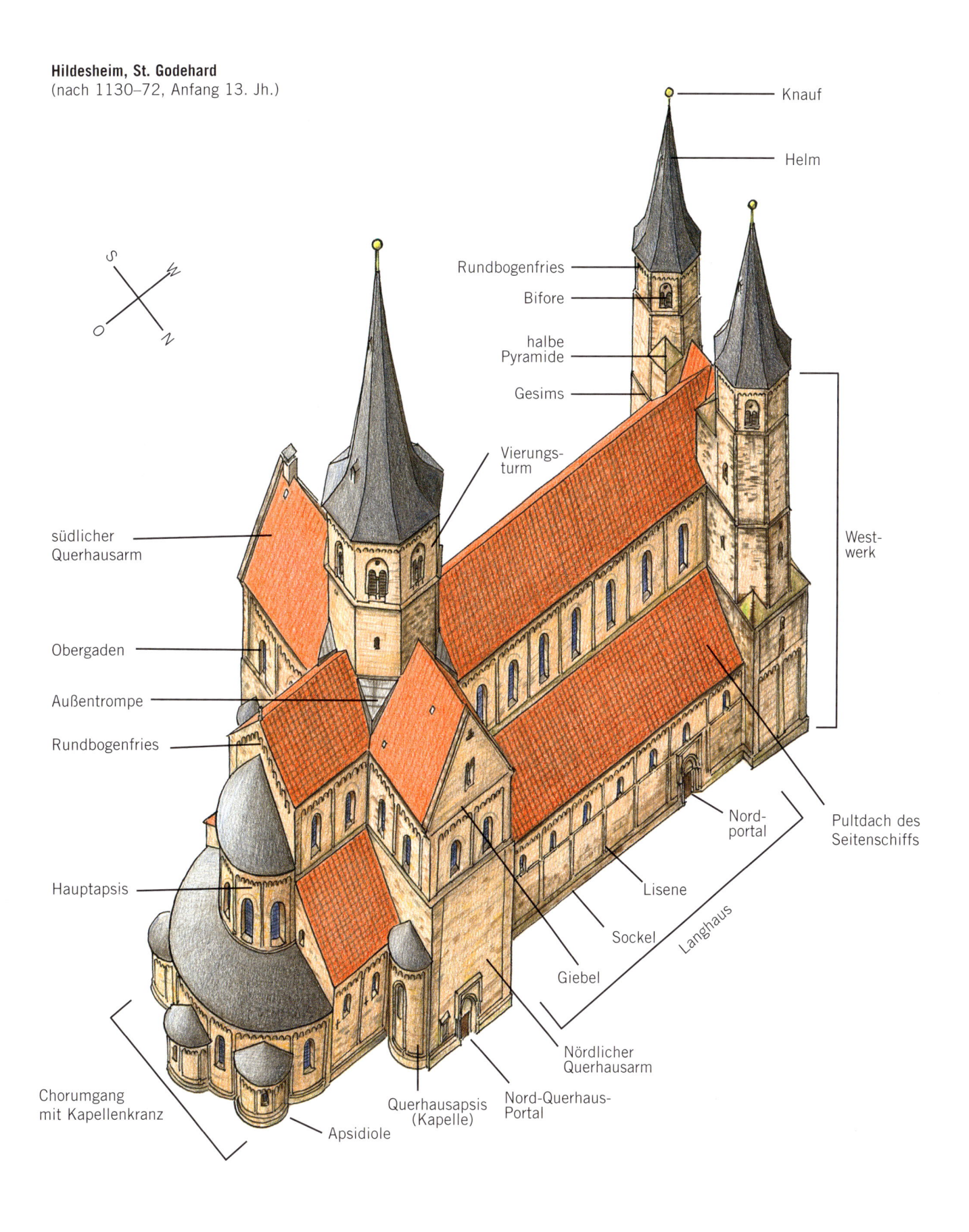

Formenkunde des romanischen Sakralbaus

Hildesheim, St. Godehard
(nach 1130–72, Anfang 13. Jh.)

- Knauf
- Helm
- Rundbogenfries
- Bifore
- halbe Pyramide
- Gesims
- Vierungsturm
- südlicher Querhausarm
- Obergaden
- Außentrompe
- Rundbogenfries
- Hauptapsis
- Chorumgang mit Kapellenkranz
- Apsidiole
- Querhausapsis (Kapelle)
- Nord-Querhaus-Portal
- Nördlicher Querhausarm
- Giebel
- Sockel
- Lisene
- Nordportal
- Langhaus
- Pultdach des Seitenschiffs
- Westwerk

Frühmittelalter und Romanik

Varianten der Basilika

1. turmlos mit Halbrundapsis
2. turmlos mit Querhaus
3. doppelchörig mit einfachem Querhaus
4. mit Hauptapsis und Apsidiolen
5. mit Chorumgang

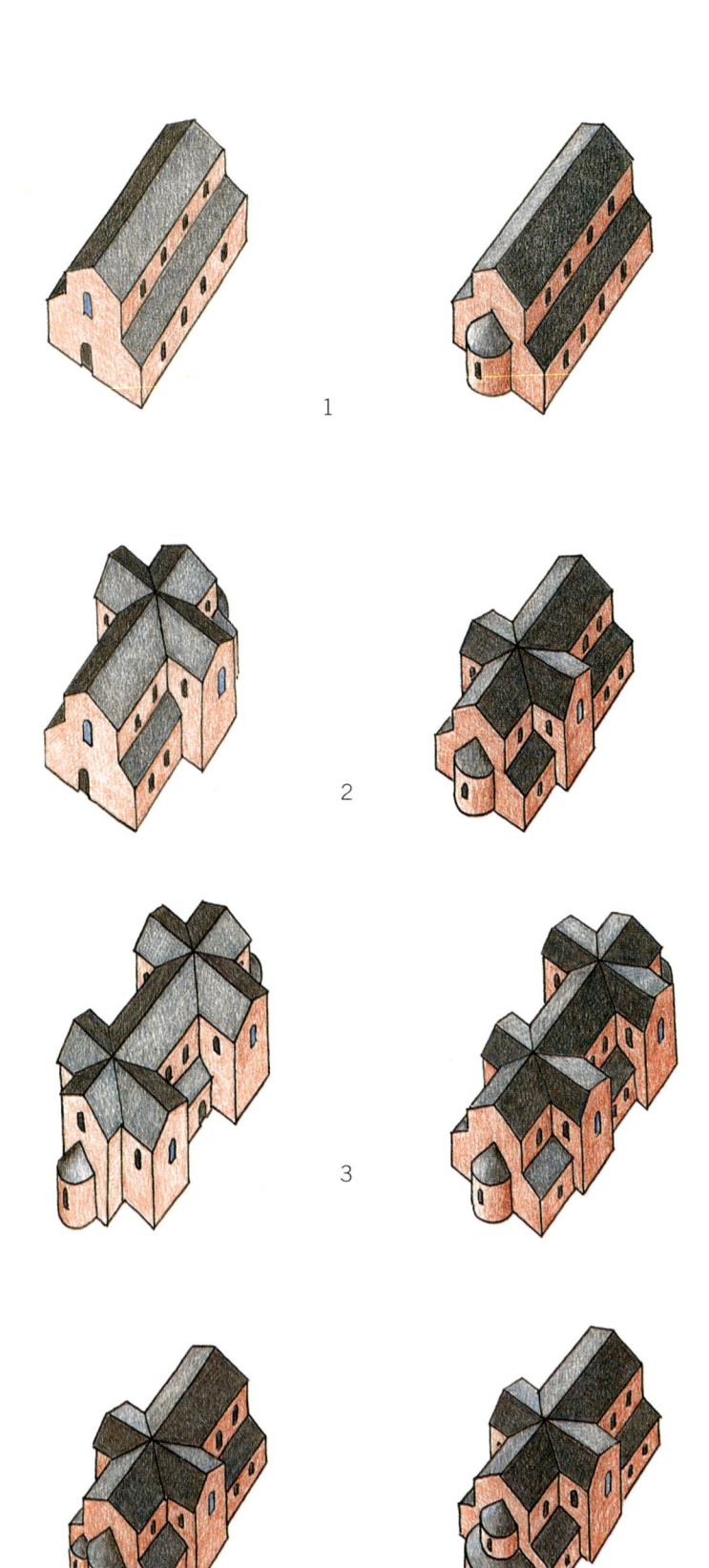

Formenkunde des romanischen Sakralbaus

6 mit Umgang und Kapellenkranz
7 mit Kleeblattchor
8 mit Doppelturmfassade
9 mit Paradies
10 mit Westwerk und Vierungsturm
11 Einturmfassade und von Türmen flankierter Chor

Frühmittelalter und Romanik

Basilika

Axonometrie
(mit Einblick ins Kircheninnere)

- Kreuzgratgewölbe
- Satteldach (Hauptschiff)
- Obergaden
- Wandvorlage
- Pultdach (Seitenschiff)
- Kreuzpfeiler
- Strebepfeiler
- Projektion der Gewölbe auf dem Boden

Grundriss

quadratische Joche (gebundenes System = 1 Mittelschiffsjoch, 2 Seitenschiffsjoche)

Wandaufriss
(im Längsschnitt)

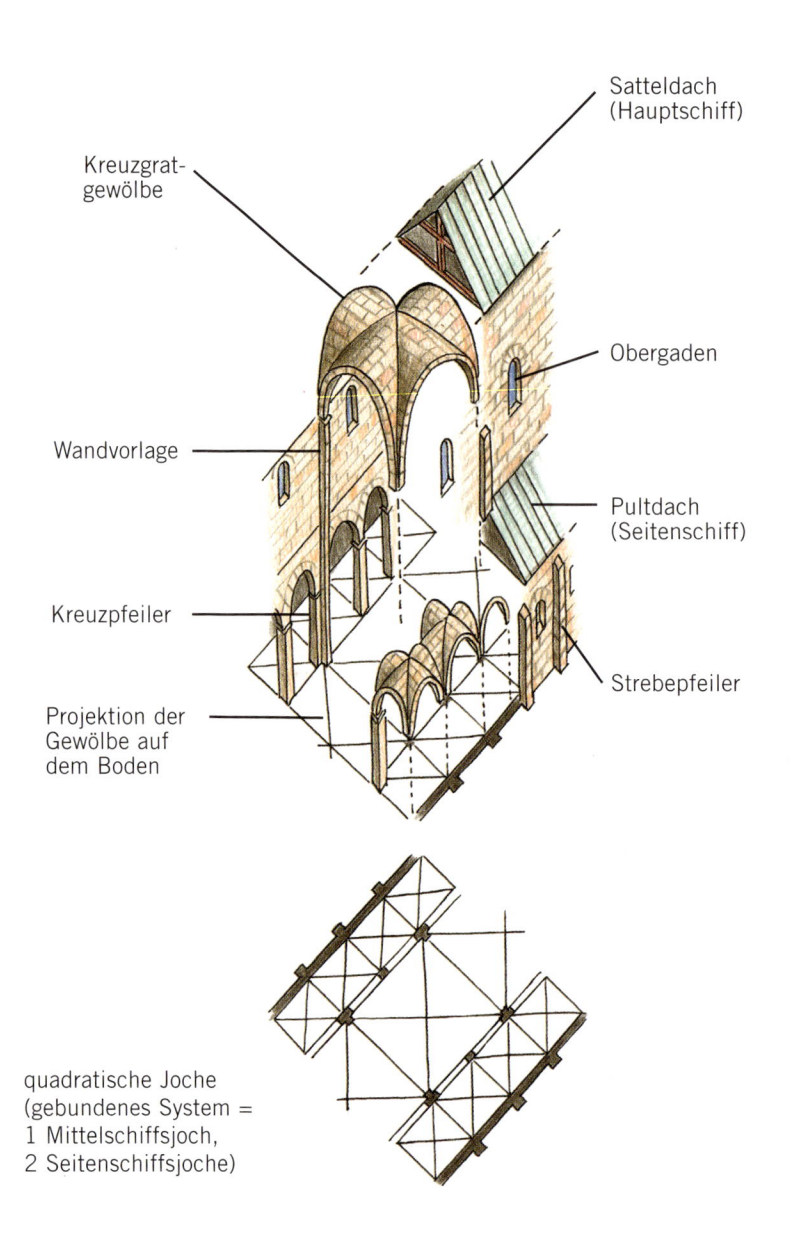

- Kreuzgratgewölbe
- Obergaden
- Wandvorlage
- Arkade
- Kreuzpfeiler
- quadratischer Pfeiler

Formenkunde des romanischen Sakralbaus

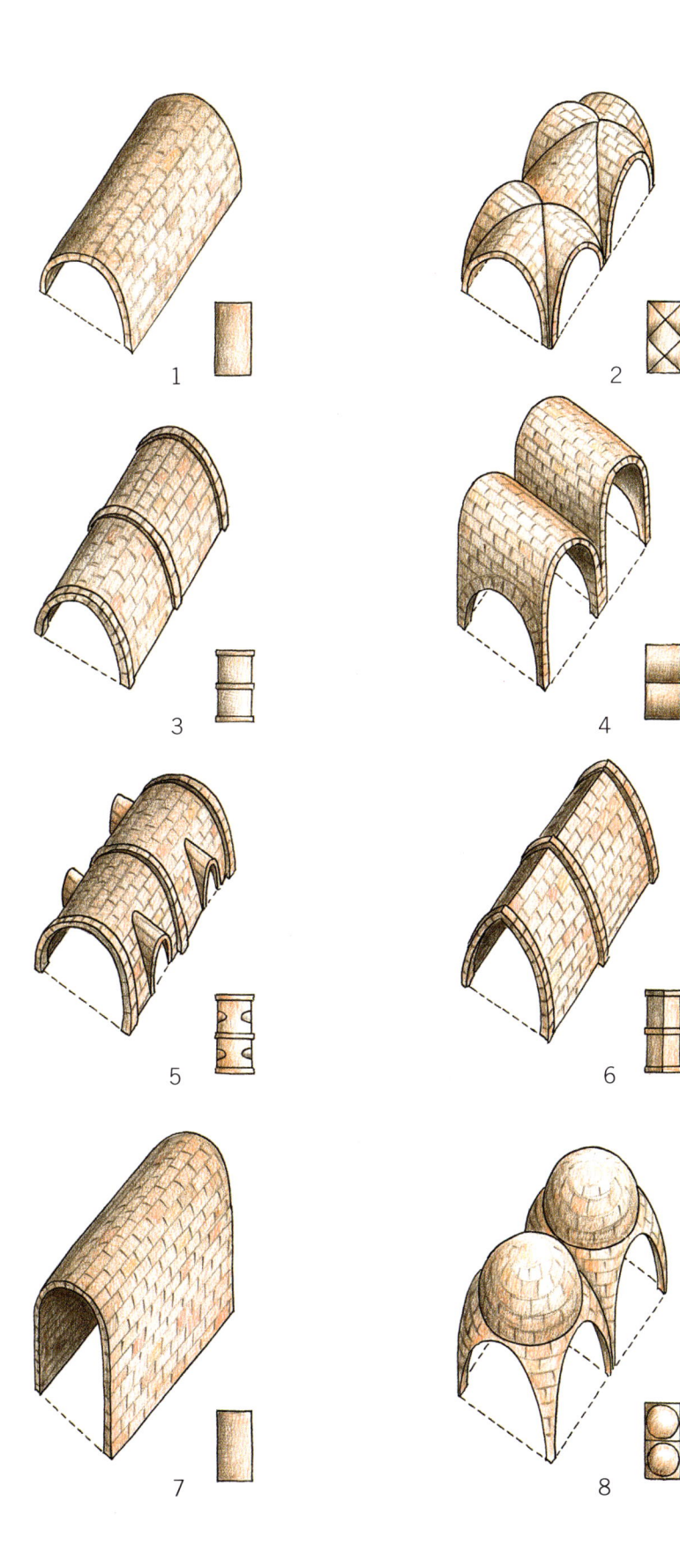

Gewölbeformen

1 Tonne
2 Kreuzgradgewölbe
3 Tonne mit Gurtbögen
4 Quertonnen
5 Tonne mit Gurtbögen und Stichkappen
6 Spitztonne mit Gurtbögen
7 gestelzte Tonne
8 Kuppelgewölbe mit Pendentifs

Frühmittelalter und Romanik

Bogen- und Fensterformen

Rundbogen

Passbogen

Fächerbogen

Vierpass

Oculus

Halbrad

Radfenster

Bifore (Zwillingsbogen)

Pfeilerformen

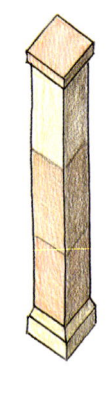

quadratischer Pfeiler

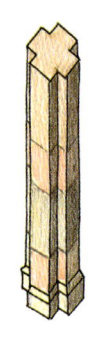

Kreuzpfeiler

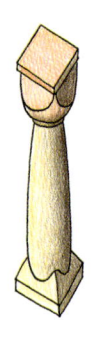

Rundpfeiler (mit Würfelkapitell)

Schlangensäule

Formenkunde des romanischen Sakralbaus

Saint-Savin-sur-Gartempe, ehem. Prioratskirche, 1065–80 und 1095–1115, Säulenlanghaus

Typisches Beispiel für die durchgehend gewölbten Hallenkirchen Westfrankreichs. Stützen und Gewölbe besitzen umfangreiche Reste romanischer Malerei.

Frühmittelalter und Romanik

Architektur des Frühmittelalters

Ravenna, Mausoleum Theoderichs,
Rundbau aus dem 1. Viertel des 6. Jh.

Wenn man von Baustilen spricht, so meint man in der Kunstwissenschaft die Gesamtheit der Formen von Gebäuden, Bauteilen und Motiven, welche die Architektur einer Zeit charakterisieren und damit datierbar machen. Die erhaltenen oder ergrabenen Zeugnisse einer Epoche machen Herkunft und Entwicklung eines Stils rekonstruierbar. Voraussetzung für seine Entstehung ist immer ein neues ästhetisches Empfinden, eine sich verändernde Raumvorstellung, die aus einem Wandel in der Frömmigkeit und einer Neufassung der liturgischen Gewohnheiten, einer Veränderung des Herrscherkultes oder allgemein aus einer neuen geistigen Haltung resultiert. So entstehen nicht nur neue Bauteile, wie in karolingischer Zeit die Krypta und das Westwerk, später der Chorumgang mit Kapellenkranz oder die Doppelturmfassade, sondern auch eine gewandelte ästhetische Vorstellung, welche die Umgestaltung und Umdeutung bestimmter Formen und Motive zur Folge hat. Immer entsteht ein Stil aus der Verwandlung, Umformung und Umdeutung von Vorangegangenem, aus dessen Anpassung an neue Gegebenheiten. Aus diesem Grund lassen sich an jedem Stil Früh-, Hoch- und Spätstadien unterscheiden, Stadien, in denen das Ältere noch spürbar ist, und solche, in denen sich das Neue schon ankündigt. Ganz besonders gilt dies für die frühmittelalterliche Kunst und Architektur, die als europäisches Phänomen der byzantinischen Kultur die abendländische Kultur entgegensetzte.

Die Völkerwanderung, die um 375 mit dem Einbruch der Hunnen und Alanen begann und ganz Europa neu gliederte, hatte die Vertreibung der Römer aus ihren nördlichen Provinzen zur Folge. 476 fiel auch Westrom an den germanischen Heerführer Odoaker, 493 bzw. 497 an den Ostgotenkönig Theoderich den Großen, während das Oströmische Reich Bestand hatte und sich unter Kaiser Justinian (527–63) noch einmal um fast das ganze Mittelmeer herum ausdehnen konnte.

In derselben Zeit hatten sich die Franken von Friesland aus nach Süden und Osten ausgebreitet. König Chlodwig gelang es, sein Reich bis zu seinem Tode 511 etwa zu verdreifachen, seine Söhne beherrschten schließlich nahezu ganz Mitteleuropa. Karl der Große, seit 771 fränkischer König, dehnte seine Territorien weiter nach Osten und Süden aus, so dass das fränkische Reich nun vom Ebro bis an die Saale und die Elbe reichte, vom Atlantik bis Bayern und Friaul und auf der italienischen Halbinsel Tuscien, den Kirchenstaat und das Herzogtum Spoleto einschloss. Durch die Krönung im Jahr 800 in Rom wurde aus dem fränkischen König der Kaiser des Heiligen Römischen Reiches. Dass der Papst diese Krönung vorgenommen hatte, besiegelte die Allianz von Reich und Kirche, die sich im Gottesgnadentum manifestierte. Kirchlich, politisch und kulturell begründete Karl

Frühmittelalter

die Einheit des Abendlandes. Sein politisches Programm, das zugleich Anspruch und Legitimation zum Ausdruck brachte, war die sog. *renovatio imperii*, die Erneuerung des Weströmischen Reiches, dessen Kunst und Wissenschaften er neu belebte (Karolingische Renaissance). Dies und die Rivalität mit Ostrom, dem Machtblock im Südosten, bestimmten die Kunst und die Architektur des kaiserlichen Hofes und seiner Umgebung. Karl ließ Spolien aus Rom und Ravenna kommen – Ravenna war der Begräbnisort Theoderichs, der in oströmischem Auftrag Italien erobert hatte –, beide seit der Übernahme der Schutzherrschaft über den Kirchenstaat 774 fränkisch geworden, und rezipierte Bauformen und -motive aus Ost- und Westrom. Die christliche Prägung des Reiches und die Vielzahl der Vorbilder bewirkte indessen ihre Umbildung und verschmolz sie zu einem eigenen Stil, der zudem von einem individuellen ästhetischen Empfinden geprägt wurde. Aus der karolingischen Kunst und Architektur sind die abendländischen Stile hervorgegangen.

Die berühmtesten Beispiele früher karolingischer Architektur sind die Pfalz in Aachen, deren Kapelle erhalten ist, die kleine Privatkapelle jener prächtigen Villa suburbana, die Bischof Theodulf, der Freund und Berater Karls des Großen, in Germigny-des-Prés hatte erbauen lassen, und die Torhalle des ehemaligen Klosters in Lorsch. Gemeinsam ist allen der Schmuck-

Müstair, Graubünden, Klosterkirche St. Johann, Südostansicht, um 800

Frühmittelalter und Romanik

reichtum, die Vielfalt der Grund- und Aufrissformen und die Vielzahl der Einzelräume, die sich zur Gesamtheit zusammenfügen, und vor allem die Übernahme und freie Kombination spätantiker Vorbilder.

Neben Zentralbauten entstanden Basiliken, z. B. in Steinbach bei Michelstadt und in Seligenstadt – beide von Einhard, dem Schwiegersohn und Biographen Karls, gestiftet –, kreuzförmige Pfeiler- oder Säulenbasiliken mit abgeschnürter Vierung und einfachen Ostteilen. Auch St. Georg in Reichenau-Oberzell (890–96) steht noch in dieser Tradition. Die Klosterkirche St. Johann in Müstair, die der Kaiser selbst gestiftet haben soll, ist eine flach gedeckte Saalkirche mit drei gleich hohen, szenisch ausgemalten Apsiden und – als Ausnahme – zwei gangartigen, durch Mauern abgetrennten »Seitenschiffen«, über die man die Kirche betrat. Die Vorbilder für diesen Saaltypus mit einer oder drei Apsiden, der vor allem im schweizerischen Alpen- und Voralpenraum erhalten bzw. ergraben ist, liegen ebenfalls im ostmediterranen Raum.

Auf der Iberischen Halbinsel, wo das Königreich Asturien als letzte christliche Bastion dem Omaijadischen Emirat von Cordoba trotzte, sind aus dieser Zeit z. B. die ehem. Palastaula, heute Santa Maria de Naranco, und San Miguel de Liño bei Oviedo erhalten, die sich in Schmuckreichtum und Vielteiligkeit der Baumasse kaum von den Zentralbauten im Norden unterscheiden. Bemerkenswert ist hier die Verwendung einer Langhaustonne schon um die Mitte des 9. Jahrhunderts. Ihre Gurte liegen jeweils in einer Achse mit den Säulen einer rundbogigen Blendgliederung vor den Seitenwänden.

Eine solche Blendgliederung besitzt auch die sog. Krypta von Saint-Laurent in Grenoble, doch sind die Säulen hier Spolien und über den Kapitellen wechseln Architrav und Bögen. Die darüber liegende Tonne ist gurtenlos.

Die stadtrömischen Basiliken des 9. Jahrhnderts, z. B. San Giorgio in Velabro und San Prassede, stehen ganz in der spätantiken Tradition und sind querhauslose dreischiffige Räume mit Flachdecke und einer halbrunden Apsis. Die Säulen tragen entweder Bögen oder einen Architrav.

Zwei Bauteile karolingischen Ursprungs sind die Krypta und das Westwerk. Beide stehen in engem Zusammenhang mit der Heiligenverehrung bzw. mit dem Kaiserkult. Der Ursprung der Krypta liegt wohl in den Heiligengräbern, die auf den spätantiken Friedhöfen mit Kapellen überbaut worden waren. Später gründete man häufig Klöster über diesen Heiligengräbern, die unter der neuen Kirche verborgen lagen. Um das Grab des Apostels Petrus für die Gläubigen wieder zugänglich zu machen, hatte schon Papst Gregor (590–604) in Alt-St.-Peter entlang der Apsiswand einen Gang anlegen lassen, der über einen Stollen direkt zum Sepulcrum führte. Der Boden der Apsis war dafür höher gelegt worden. Doch erst mit der Bauwelle, die die kaiserliche Förderung seit dem späten 8. Jahrhundert auslöste, entstanden auch Krypten als gewölbte Kammern oder Stollen. Beispiele sind die Rundkrypta von Fulda, wo sich das Grab des hl. Bonifatius befindet, oder die Stollenkrypta in Steinbach. Auch der St. Galler Klosterplan (um 820) zeigt bereits eine vollständig ausgebildete Winkelgangkrypta mit einem Sepulcrum unter dem Hauptaltar. Die Krypten in Saint-Pierre in Flavigny-sur-Ozerain und Saint-Germain in Auxerre aus der zweiten Hälfte des 9. Jahrhunderts sind bereits komplizierte, vielräumige Anlagen mit Gängen, kleinen gratgewölbten Hallen und zentralraumartigen Schei-

OBEN **Corvey, Abteikirche**, Westfassade (1146), UNTEN Westwerk innen mit Kaiserempore (873–85)

RECHTE SEITE **Oviedo, Monte Naranco, San Miguel de Liño**, Mitte 9. Jh.

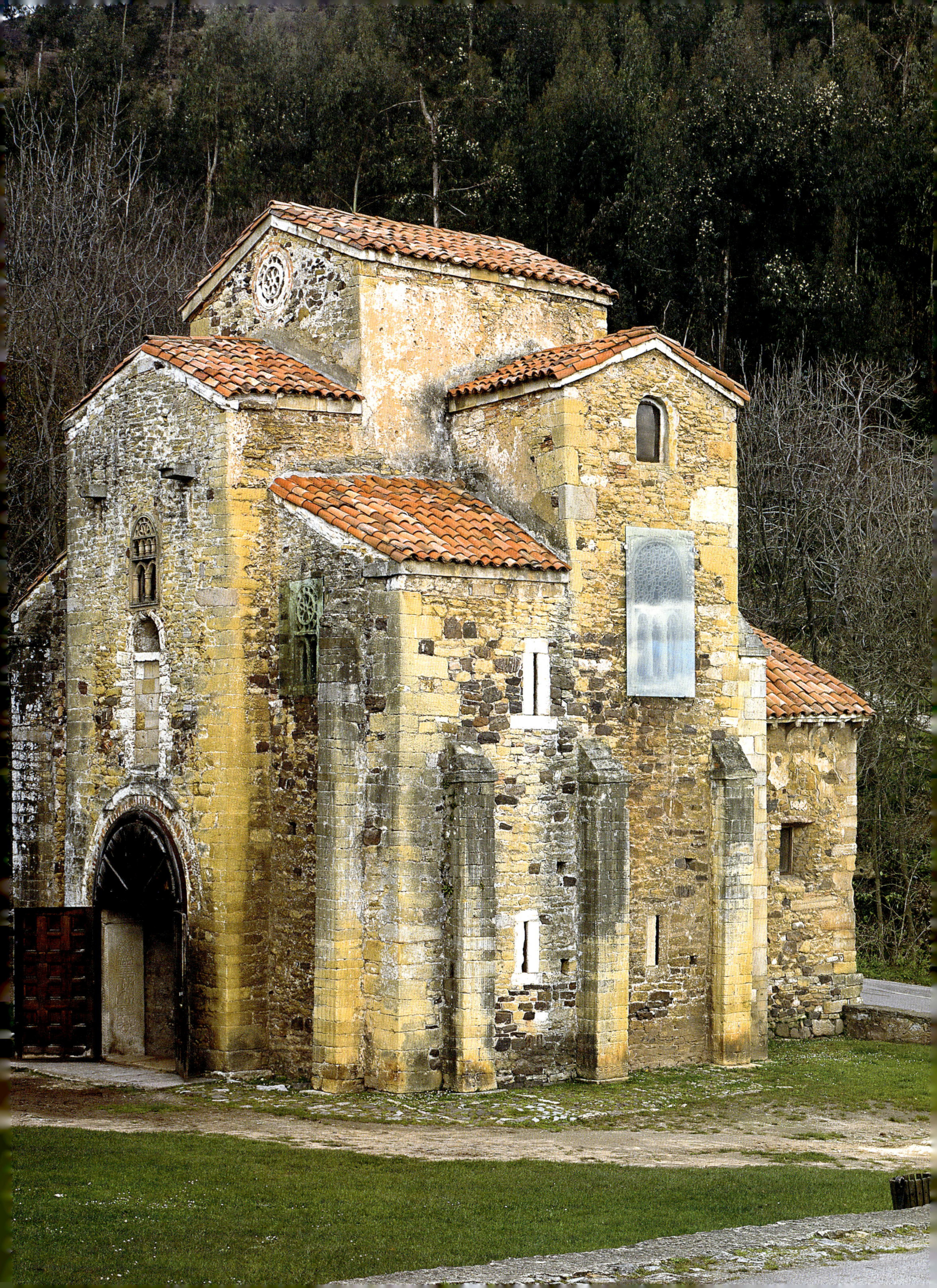

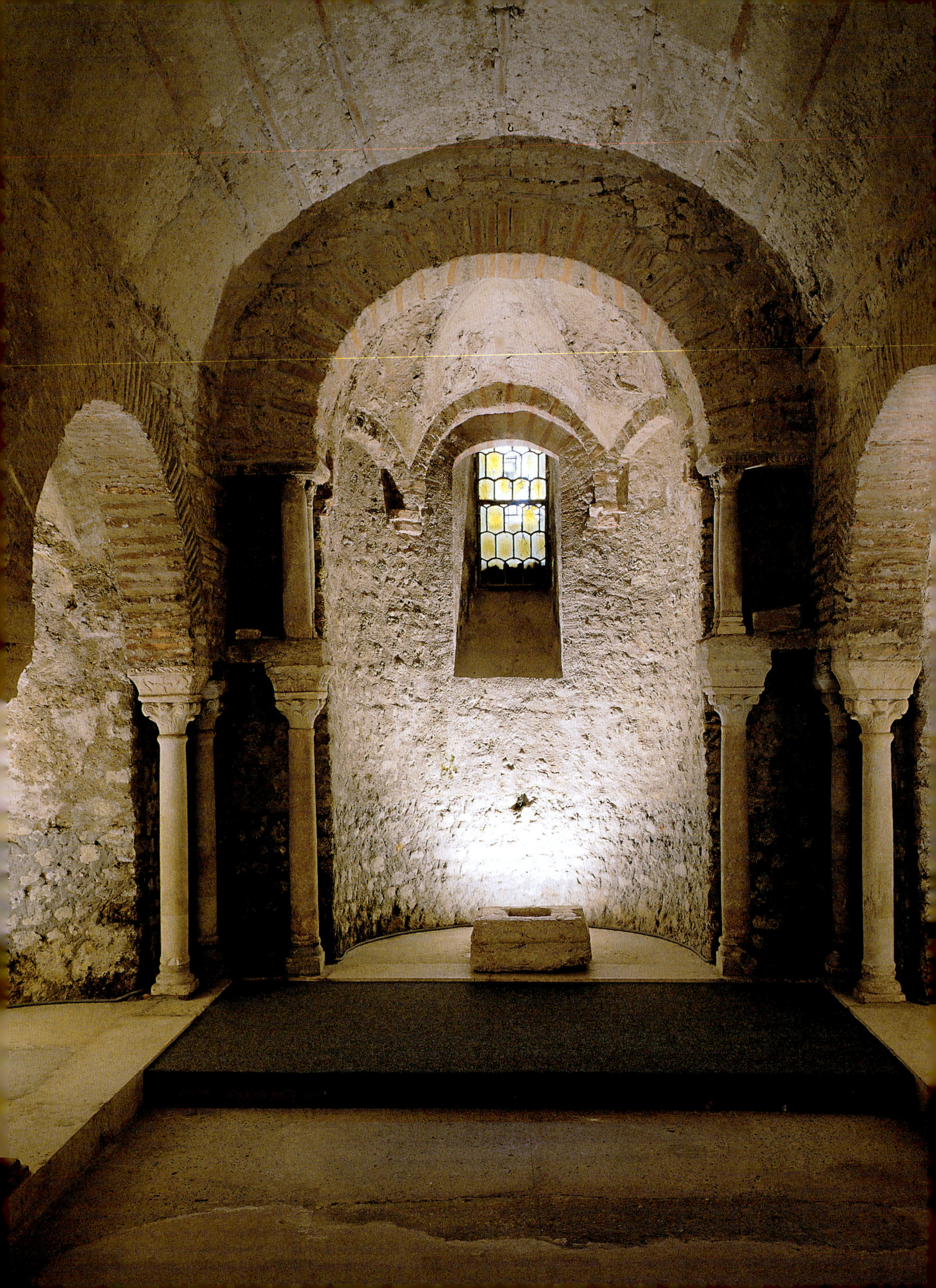

telkapellen. In den meisten Fällen lag die Krypta nur halb unterirdisch, so dass der Chor über eine Stufenanlage zu erreichen war.

Das Westwerk, ebenfalls karolingischen Ursprungs, ist ein isolierter Bauteil im Westen der Basilika, äußerlich ein Gegengewicht zu den Ostteilen, ein mehrgeschossiger, von Türmen flankierter Baublock. Im Erdgeschoss befand sich eine Eingangshalle, ein Atrium, darüber lag in der Regel eine doppelgeschossige Kapelle mit umlaufenden Emporen, die sich zum Langhaus hin öffnete. Das erste nachweisbare Beispiel eines Westwerks befand sich an der Kirche des Klosters Centula in Saint-Riquier (gew. 799). Erhalten ist es nur in Corvey. Die Bedeutung des Westwerks ist nicht endgültig geklärt: Vorgeschlagen wurden Wehranlage, Märtyrerkirche, Michaelskapelle und Kaiserkapelle. Die Tatsache, dass alle Kirchen mit Westwerken dem Kaiserhaus verbunden waren, und der Typus des zweigeschossigen Zentralraums mit Emporen, der sowohl im Westwerk als auch in den Palastkapellen auftritt, spricht für die Idee der kaiserlichen Kapelle. Gleichzeitig lässt die Bildhaftigkeit des turmflankierten Tores an eine Architekturabbreviation der Stadt, nämlich des Himmlischen Jerusalem, denken, welches die Kirche darstellte. Die Entwicklung des Westwerks zum Westbau, der einen Teil der Gesamtanlage bildet, sogar zu den Ostteilen symmetrisch ist, bestätigt diese ideale Aufteilung der Kirche in kaiserliche und kirchliche Macht oder in *ecclesia militans* und *ecclesia triumphans*.

UNTEN LINKS **Steinbach bei Michelstadt, sog. Einhardsbasilika**, Stollenkrypta, 827 vollendet

UNTEN RECHTS **Fulda, Kapelle St. Michael**, Rundkrypta, 820–22

LINKE SEITE **Grenoble, Saint-Laurent**, Ostkrypta

Frühmittelalter und Romanik

Ravenna, San Vitale, vollendet um 545, Außen- und Innenansicht, Mosaikdetail

Der Plan des oktogonalen Zentralbaus dürfte aufgrund der Einheitlichkeit und der ausgewogenen Proportionen in Konstantinopel entworfen worden sein, woher auch die Kapitelle stammen. Die kostbaren Mosaike und der in der Technik des *opus sectile* gearbeitete Fußboden stammen aus der Zeit des Bischofs Maximian, der den Bau 547 weihte.

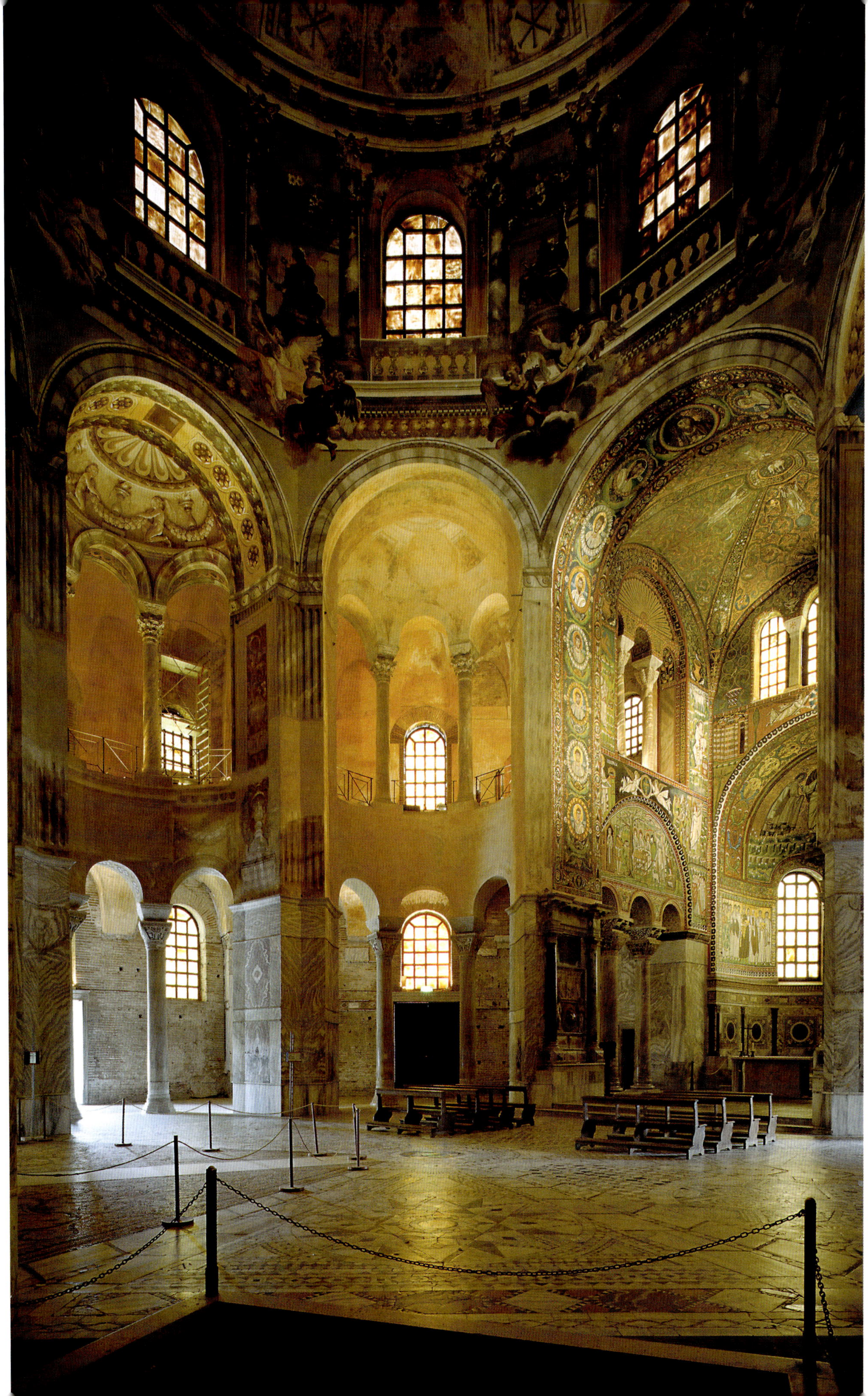

OMINI TOTAM QUI CONSTRUIT AULAM EFFECTUSQUE PIIS DAT STUDIIS HOMINUM QUORUM PERPETUI DECORIS STRUCTU

Frühmittelalter

LINKE SEITE **Aachen, Pfalzkapelle,** um 800

Meister Odo von Metz errichtete um 800 die Kapelle innerhalb der ausgedehnten Aachener Pfalz Karls des Großen. Der Bau mit seinen Rückgriffen auf byzantinische und römische Vorbilder und Spolien ist ein Hauptwerk der Karolingischen Renaissance.

Lorsch, Torhalle, um 774

Die triumphbogenartige Torhalle stand frei in einem Atrium, dem Westwerk und Vorkirche der Klosterkirche St. Nazarius vorgelagert waren.

Frühmittelalter und Romanik

Oviedo, Monte Naranco, Palastaula aus der Zeit des Königs Ramiro I., 842–50, Außenansicht und Innenansicht

Die Palastaula, in der spätrömische, byzantinische und parthisch-sasanidische Elemente zusammenwirken, war Teil eines Palastes der asturischen Könige, die bald in eine der Maria geweihte Kirche umgewandelt wurde.

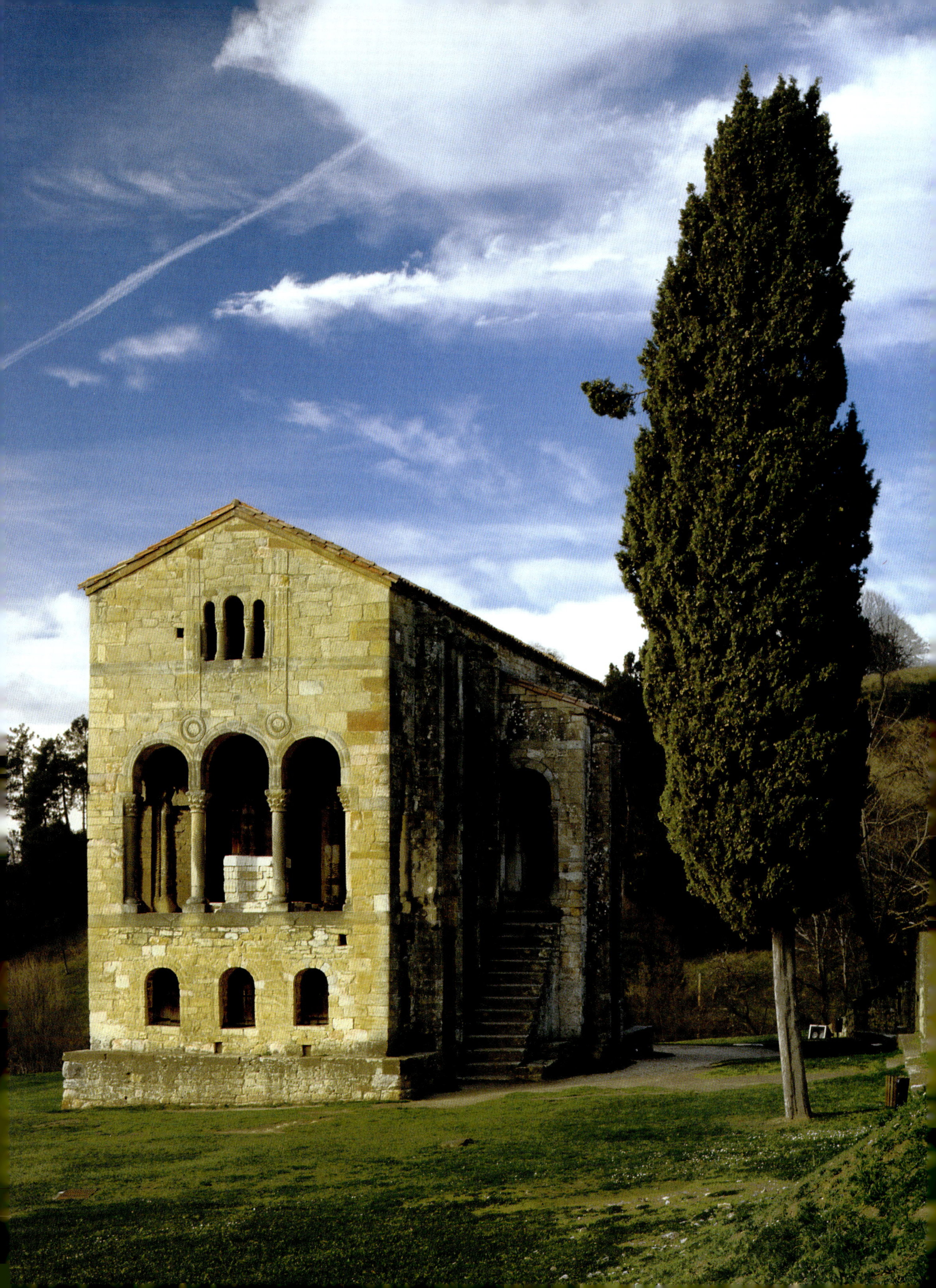

Frühmittelalter und Romanik

Sakralarchitektur der Romanik

Der Vertrag von Verdun teilte 843 das riesige karolingische Reich unter den drei Enkeln Karls des Großen. Während der zweiten Hälfte des 9. und der ersten Hälfte des 10. Jahrhunderts brachten die Einfälle der Ungarn von Osten und der Normannen von Norden und Westen Krieg und Zerstörung, und die Bautätigkeit kam für nahezu ein Jahrhundert zum Erliegen. Erst Heinrich I., der erste Sachse auf dem Kaiserthron, begann das Reich wieder zu festigen. Unter seinen Nachfolgern Otto I., dem Großen († 973), und Konrad II. († 1039) vergrößerte es sich nach Osten und Süden. Im Osten hatte Boleslaw Chrobry († 1025) das Herzogtum Polen zu beträchtlicher Größe gebracht, und im Norden regierte Knut der Große († 1035) über Norwegen, Dänemark, England und Schottland. Im Westen hatten die seit 987 regierenden kapetingischen Könige mit ihrer kleinen Krondomäne einen schweren Stand gegen den territorial starken Adel.

Aus der einheitlichen Hofschule Karls des Großen ging nun eine Architektur mit starken regionalen Ausprägungen hervor. In den deutschsprachigen Ländern wurde besonders unter den ottonischen Kaisern die karolingische Politik in programmatischer Weise aufgenommen und fortgesetzt. Deshalb entwickelte sich die Architektur hier in den Zentren des Kaiserhauses, die noch immer bzw. wieder existierten. In Frankreich jedoch, wo die Macht des Königs gering war und der Adel sich in politischen Konkurrenzkämpfen aufrieb, ging die Entwicklung der Sakralarchitektur von den Klöstern aus. Jedes Kloster bestimmte die Form seiner Kirche nach örtlichen Gegebenheiten und Notwendigkeiten selbst. Auch die mächtige Gemeinschaft von Cluny schrieb ihren Mitgliedern zu keiner Zeit eine bestimmte Architektur vor. So wurde Frankreich im späten 10. und im 11. Jahrhundert ein weites Experimentierfeld, in welchem eine Vielfalt von Grund- und Aufrissformen ausprobiert und wieder verworfen oder fortgeführt und entwickelt wurden.

Alpirsbach, ehem. Benediktiner-Klosterkirche St. Benediktus, 1099–1125, Langhaus nach Westen, Außenansicht von Osten

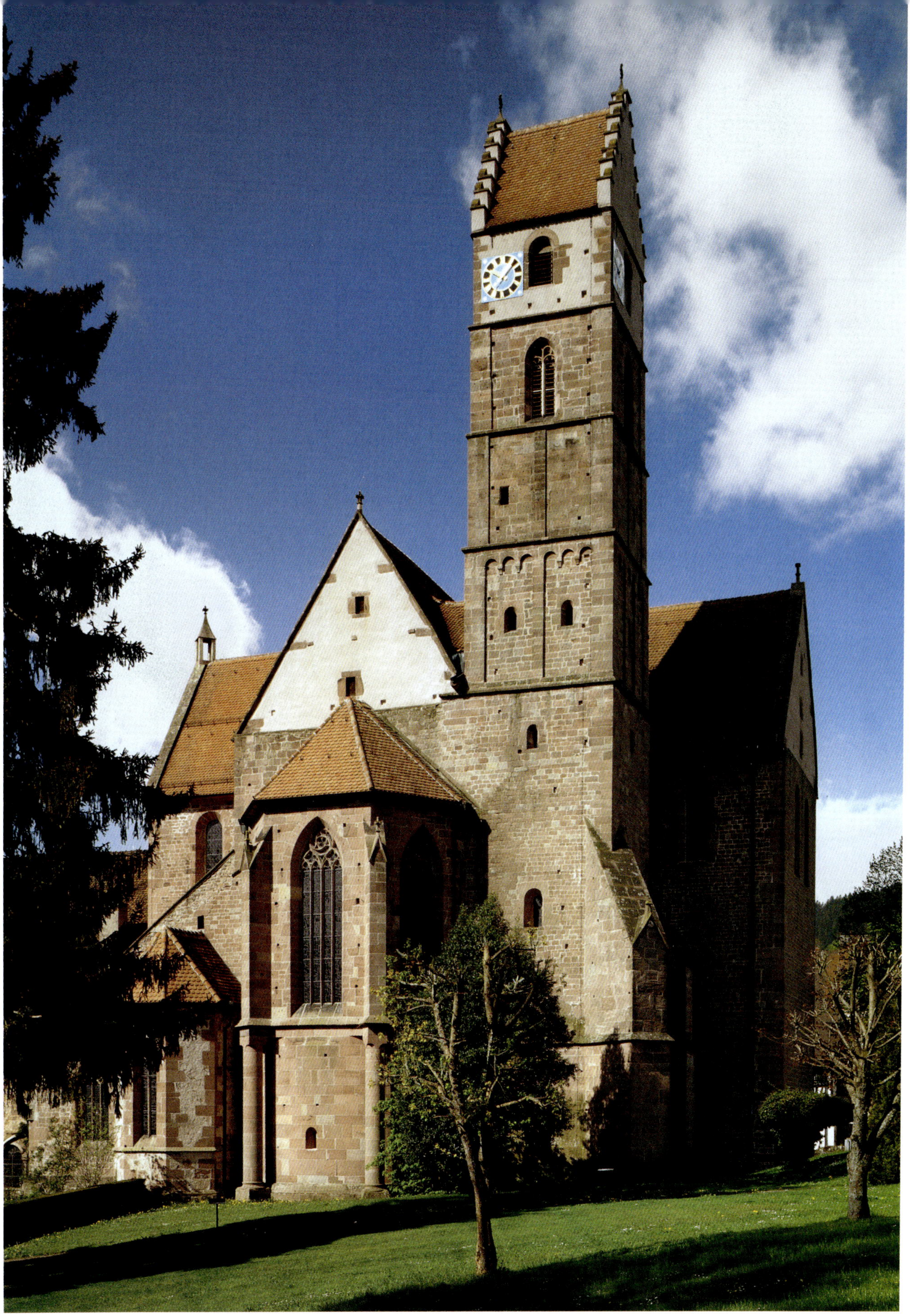

Frühmittelalter und Romanik

Sakralarchitektur in Frankreich

Romainmôtier (Schweiz), ehem. Klosterkirche St. Peter und Paul, um 1030/40, Langhaus nach Westen

948 errichteten die Mönche in Cluny die zweite Klosterkirche, eine wohl zunächst flach gedeckte dreischiffige Basilika mit ausgeschiedener Vierung, Querhaus und einem fünfteiligen Staffelchor, bei dem zwischen die Hauptapsis und die äußeren Apsiden je eine rechteckige Kammer eingeschoben worden war. Der Aufriss bestand anscheinend aus Pfeilerarkaden und Obergaden. Um 1000 scheint nachträglich die Wölbung des Mittelschiffs mit einer Tonne gelungen zu sein, in deren Fuß die Fenster einschnitten. Über die Nachfolger Romainmôtier und Payerne gewinnt man von Cluny II selbst eine gute Vorstellung. Damit war eines der Ziele in der Sakralarchitektur formuliert: die Wölbung der breiter werdenden Mittelschiffe über Fenstern. Bis zum Bau der ehemaligen Klosterkirche Saint-Étienne in Nevers (gew. 1097), die als »Testbau« für die dritte Klosterkirche von Cluny angesehen werden muss, beschäftigte dieses Problem die Baumeister des 11. Jahrhunderts in Frankreich. Vorangegangen waren seit 1020/30 vielfältige und lang andauernde Versuche in Saint-Philibert in Tournus. Der Architekt von Cluny III schaffte es 1131/32 im zweiten Anlauf, das 14 Meter breite Mittelschiff mit einer statisch vorteilhaften Spitztonne zu überwölben. Cluny III hatte übrigens eine vielfältige Nachfolge: Autun, Paray-le-Monial, Semur-en-Brionnais und Saulieu zählen zu den berühmtesten.

Um die Tonne des Mittelschiffs zu stützen, hatte man im Laufe des 11. Jahrhunderts mehrere Aufrisssysteme erprobt. In Tournus und Chapaize den zweigeschossigen Aufriss über starken Pfeilern wie Cluny II, in Nevers die Emporen, deren Viertelkreistonnen die Hochwand halten, und in La-Charité-sur-Loire und Saint-Benoît-sur-Loire Blendtriforien zwischen Arkaden und Fenstern. Dies Letztere war dann auch die Lösung für Cluny III.

Tonnengewölbt sind auch die sog. Pilgerkirchen. Die älteste erhaltene ist Sainte-Foy in Conques, um 1050–1130, die jüngste und größte in Frankreich ist Saint-Sernin in Toulouse. Alle besitzen sie Gurtentonnen über ihren 6–8 Meter breiten Mittelschiffen, aber sie verzichten auf den Obergaden. Ihr Aufriss besteht aus Pfeilerarkaden und hohen gewölbten Emporen.

Eine kleine Gruppe um die bedeutende Klosterkirche Sainte-Madeleine in Vézelay bevorzugte ab etwa 1120 Gratgewölbe. Östlich des Rheins war dagegen das Gratgewölbe ungemein erfolgreich.

Seit etwa 1040 wurden die Tonnengurte von unten her durch Vorlagen vorbereitet. Das Mittelschiff, das bis dahin kastenartig und unstrukturiert wirkte, erhielt nun einen fortschreitenden Rhythmus, eine Einteilung in Joche, die sich mehrfach wiederholen konnten, den gesamten Aufriss gleichsam zusammenbanden und den Blick nicht mehr nur in die Tiefe des Raumes gleiten ließen, sondern ihn auch in die Höhe lenkten.

Sakralarchitektur in Frankreich

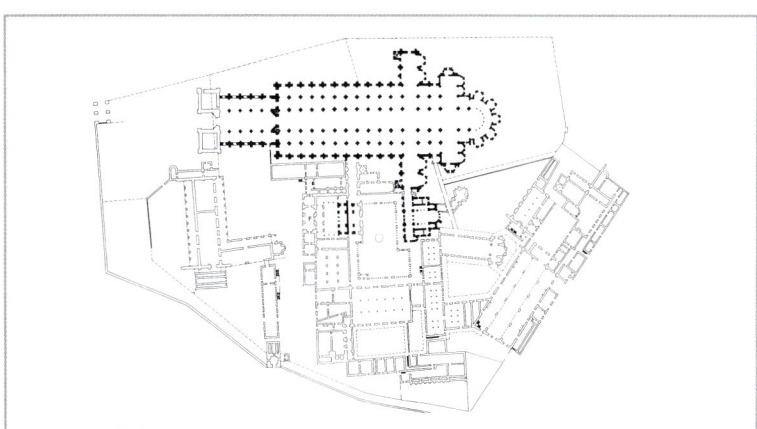

OBEN **Cluny, ehem. Klosterkirche Saint-Pierre-et-Paul** (Cluny III), 1089–1131/32, Südquerhaus außen und innen

LINKS UNTEN Grundriss

RECHTS UNTEN **Cluny III,** Lithografie (nach 1789): Ostansicht im 16. Jh., Paris Bibliothèque Nationale, Kupferstichkabinett

31

Frühmittelalter und Romanik

Sakralarchitektur in Frankreich

In Saint-Bénigne in Dijon, wo heute ein hochgotischer Bau das wahrscheinlich dreigeschossige Emporenlanghaus von 1001/18 ersetzt, und in Saint-Rémi in Reims musste man wegen der breiten Langhäuser auf Wölbung verzichten. In Reims entstand etwa 1020/40 ein gigantisches Langhaus von 13 Jochen. Über gestuften Arkaden auf vielteilig mit Säulchen umstellten Pfeilern folgen die hohen Zwillingsbögen der Empore und ein Obergaden. Die nachträgliche Rippenwölbung hat Wand und Pfeilern Dienste für die Rippen und einen spitzbogigen Überfangbogen über den Emporenöffnungen hinzugefügt und die einst rein horizontale Gliederung durch diese vertikalen Elemente unterbrochen.

Schon 1040/67 wurde dieses Wandkonzept in der Klosterkirche von Jumièges in eine straffere Formensprache übersetzt. Das Langhaus besitzt nun erstmals gewölbte und wohl auch belichtete Emporen zwischen den gratgewölbten Seitenschiffen und dem Obergaden, zudem einen Wechsel von Pfeiler und Säule, wobei den Pfeilern Vorlagen für die Tonnengurte angefügt wurden, die dem Langhaus eine neue Struktur verliehen. Die geplante Mittelschifftonne ist wohl aus technischen Gründen nicht ausgeführt worden, auch nicht im Querhaus, doch ist dort eine Stufe vor den Hochfenstern erhalten, ein offener Laufgang, der wohl zunächst eine Verkleinerung der Querschiffbreite für die geplante Wölbung bezweckte, dann aber zum Ausgangspunkt einer neuen Entwicklung wurde.

In Saint-Étienne und Sainte-Trinité, den beiden von Wilhelm dem Eroberer und seiner Gemahlin Mathilde gestifteten Klosterkirchen in Caen, beide 1060/65 begonnen, erkennt man schließlich, was aus dieser Wandstufe geworden ist, nämlich ein breiter Laufgang vor dem Obergaden des Langhauses, der durch eine Arkatur vergittert ist. Diese Art des Aufrisses ließ nur wenig Wand stehen und wirkte ungewohnt hell und durchgliedert; Plastizität und Rhythmus dominieren den Raum. Über beiden Langhäusern, dem Emporenlanghaus von Saint-Étienne und dem Triforienlanghaus von Sainte-Trinité, sind anscheinend Tonnenwölbungen geplant und wahrscheinlich auch versucht worden, aber gescheitert. Erst um 1120 machte die Erfindung des Rippengewölbes die Einwölbung eines Raumes von dieser Breite und über einem solchen Aufriss möglich. Außerordentlich erfolgreich war auch das Motiv der Doppeltürme im Westen, das möglicherweise schon Bernay um 1020/30 ausgebildet hat und das in Jumièges und Caen eindrucksvoll erhalten ist.

Ähnlich wie die Entwicklungen der Aufrisse verlief die Bildung der Grundrisse (siehe rechts oben). Zwar herrschte im Langhaus ab dem 10. Jahrhundert die Dreischiffigkeit vor, fünf Schiffe blieben die Ausnahme (Saint-Bénigne in Dijon, die Alte Kathedrale von Orléans, La-Charité-sur-Loire und Cluny III), doch in Querhaus und Chor wurden alle Möglichkeiten durchgespielt. Gewöhnlich war das Querhaus einschiffig und dreiteilig und besaß eine ausgeschiedene Vierung mit Turm. Saint-Rémi in Reims und die Pilgerkirchen haben dreischiffige Querhäuser, deren Emporenaufriss auch um die Querhausstirnen herumgeführt wurde, so dass in zwei Zonen ein Umgang um die gesamte Kirche entstand. Cluny III schließlich prunkte mit zwei aufeinander folgenden Querhäusern im Osten. In den Ostteilen trat neben den Staffelchor, der bis zu sieben gegeneinander geöffnete Apsiden umfasste, der Chorumgang mit Kapellenkranz. Offenbar kam er den Anforderungen des Stationsgottesdienstes und der Heiligenverehrung entgegen, denn häufiger wurde ein Staffelchor nachträglich durch

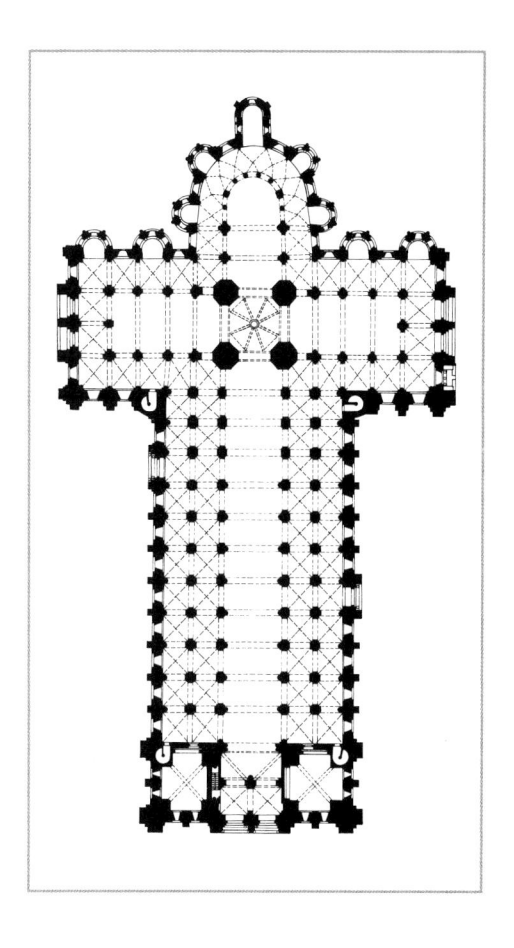

LINKE SEITE **Toulouse, Saint-Sernin,** 1080–Mitte 12. Jh., Ostansicht

OBEN Grundriss

Frühmittelalter und Romanik

Conques, Sainte-Foy, um 1050–1130, Innenansicht und Grundriss

einen Chorumgang ersetzt (vgl. Saint-Rémi und La-Charité-sur-Loire). Ohne Zweifel hat sich der Chorumgang mit Kapellenkranz aus der Krypta entwickelt. Eine seiner ältesten Vorstufen ist in der Krypta von Saint-Philbert-de-Granlieu erhalten, die um 847 datiert. Auf einen rechtwinkligen Gang, wie er schon im St. Galler Klosterplan existierte, öffnen sich nach Osten hin fünf parallele Kapellen. Die größte Leistung im Kryptenbau ist jedoch in der gewaltigen, allen Heiligen geweihten Rundkrypta von Saint-Bénigne in Dijon (ab 1001) zu sehen, die allerdings keine Nachfolge fand. In der Folgezeit scheint sich der Winkelgang der Rundung der Apsiden angepasst zu haben, und die Kapellen wurden radial angeordnet. Ein früher Chorumgang ist in Tournus erhalten, wo die Mönche aus Saint-Philbert-de-Granlieu Zuflucht fanden.

Im Westen Frankreichs entstanden zwei Kirchengruppen, die zahlenmäßig gering blieben: die Hallenkirchen mit Tonnen- bzw. Rippengewölben – Saint-Savin-sur-Gartempe und das mehrfach umgeplante Langhaus von Notre-Dame in Cunault (1100/10–1180) sind Beispiele – und die Kuppelkirchen, in denen die Vierungskuppeln auf quadratische Mittelschiffjoche übertragen wurden. In der Abteikirche von Fontevraud entstand ein einschiffiges Langhaus von vier Kuppeljochen, das anscheinend ein geplantes Hallenlanghaus ersetzt; der Chor ist das Vorbild für Cunault. Auch die 1120/30 begonnene Kathedrale von Angoulême ist eine Wiederholung von Fontevraud. Saint-Front in Périgueux folgt mit seiner Kreuzform und den fünf Kuppeln eher dem Vorbild San Marco in Venedig.

Im Gebiet östlich der Rhône wirkten neben den noch zahlreich erhaltenen antiken Bauten Katalonien, Burgund und die Pilgerkirchen stilbildend. Mit der Erneuerung der Kathedrale von Aix-en-Provence, die 1103 geweiht werden konnte, entstand hier der tonnengewölbte Langhaussaal mit hohen und breiten Blendnischen, der mehr als ein Jahrhundert lang relevant blieb.

Eine eigene Gruppe bilden im 12. Jahrhundert auch die Kirchen des im späten 11. Jahrhundert von Robert von Molesme gegründeten Ordens der Zisterzienser, der sich gegen Prunk und Verschwendung sowie gegen die Erleichterungen in der Befolgung der Benediktsregel im Leben der cluniazensischen Klöster wandte und in rigoroser Befolgung dieser Regel ein Leben in absoluter Armut und strenger Handarbeit vorschrieb. Der berühmteste und einflussreichste Vertreter dieses Ordens war Bernhard von Clairvaux. Die älteste erhaltene Zisterzienserkirche ist die Klosterkirche von Fontenay, die mit Clairvaux, La Ferté und Pontigny zu den ersten Tochtergründungen von Cîteaux gehört. Ihre Formen dürften von Bernhard selbst bestimmt worden sein. Die Pseudobasilika mit Mittelschifftonne und Quertonnen in den Seitenschiffen war seit 1133 im Bau. Auf das einschiffige Querhaus öffnen sich nach Osten kleine quadratische Kapellen und ein quadratischer Chor hinter einem Vorjoch. Dieses Prinzip ist später variiert worden. In den südfranzösischen Zisterzen Sénanque, Silvacane und Le Thoronet, deren Kirchen alle um 1150/60 begonnen wurden, experimentierte man mit Längstonnen in den Seitenschiffen und in Sénanque auch mit einem Obergaden im Mittelschiff.

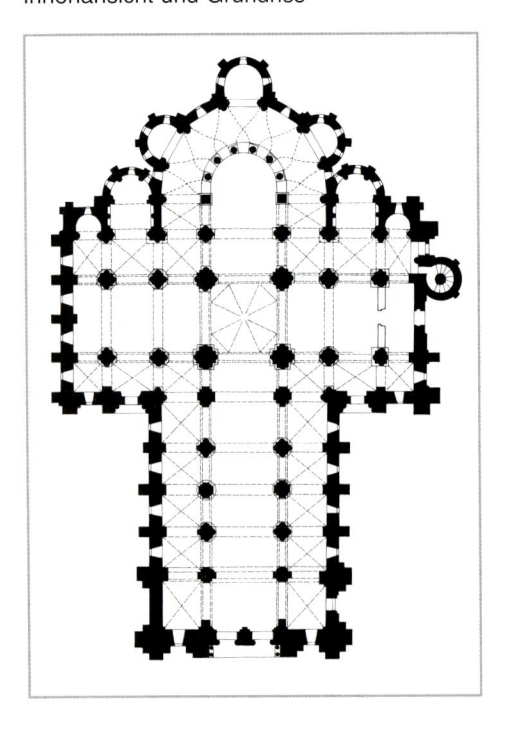

RECHTE SEITE **Angoulême, Kathedrale Saint-Pierre,** beg. um 1120/30

Sakralarchitektur in Frankreich

Frühmittelalter und Romanik

Sakralarchitektur in Frankreich

Sénanque, ehem. Zisterzienserkloster, Klosterkirche innen und außen, ab 1150

FOLGENDE DOPPELSEITE **Dijon, Saint-Bénigne,** Rotunde, 1001–18

Die in der Kunstgeschichte einzigartige Rotunde erhob sich am Chorscheitel der Kirche von Wilhelm von Volpiano. Sie war Teil der weitläufigen Krypta unter den Ostteilen und besitzt drei (rekonstruierte) Geschosse. Der Mittelschacht öffnet sich in einem Opaion.

Frühmittelalter und Romanik

Sakralarchitektur in Frankreich

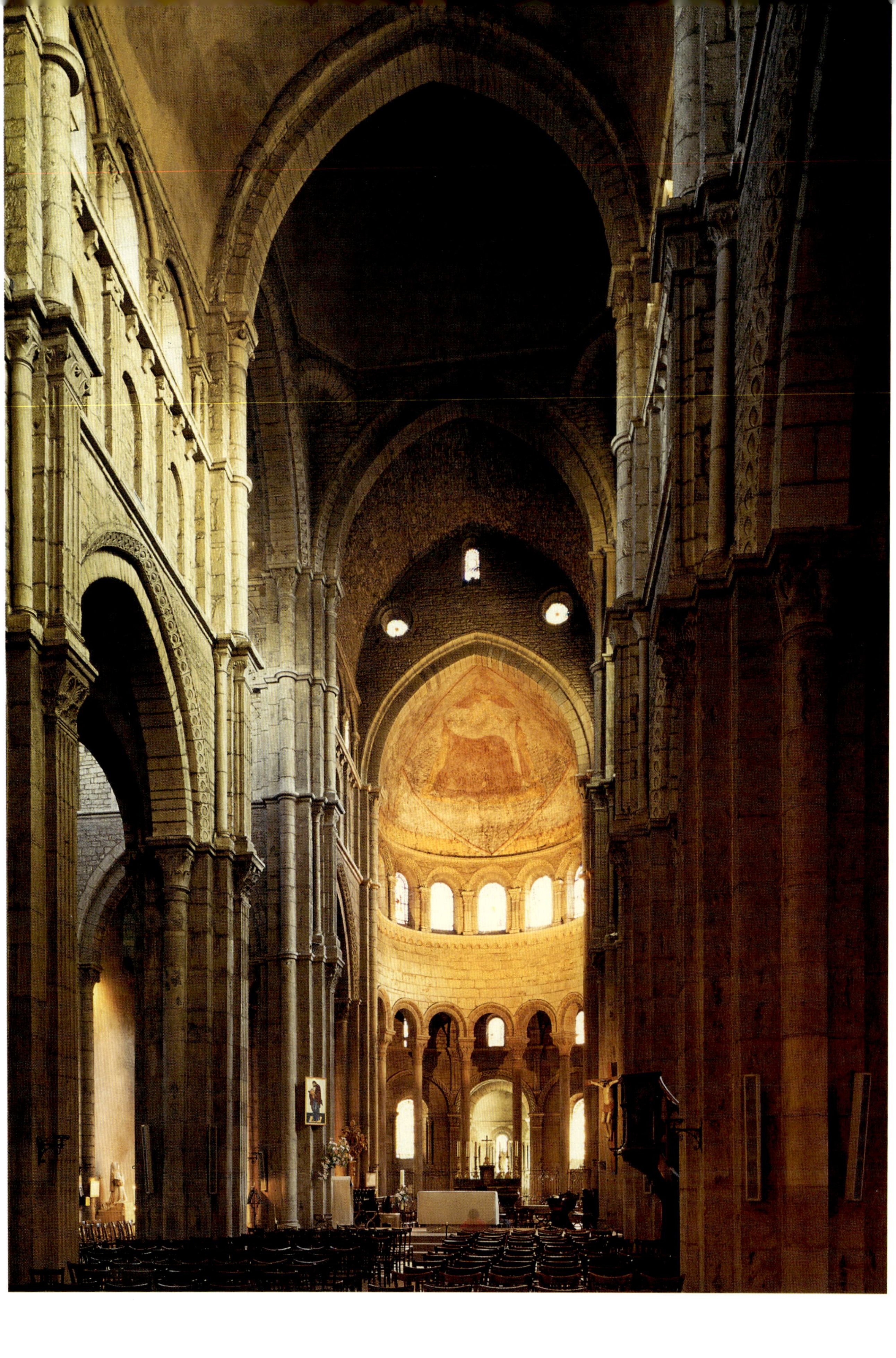

Paray-le-Monial, ehem. Klosterkirche Notre-Dame, 1. Hälfte 11. Jh. und 1090, Außenansicht von Nordwest und Innenansicht

Notre-Dame, von Abt Hugo von Cluny gegründet, gilt als »Taschenausgabe« der in der Revolution abgetragenen dritten Klosterkirche von Cluny. Ihr dreischiffiges Langhaus wiederholt mit allen Feinheiten deren Aufriss.

FOLGENDE DOPPELSEITE **Tournus, ehem. Klosterkirche Saint-Philibert,** 10. Jh.–1120, Außenansicht von Südost und Innenansicht

In einem langen und komplizierten Bauprozess entstand unter Beibehaltung älterer Langhaus- und Choraußenmauern einer der frühen Wölbungsbauten in Burgund in der Nachfolge von Cluny II. Die kuriosen Quertonnen sind eine Notlösung nach einem Einsturz der ursprünglichen Mittelschifftonne.

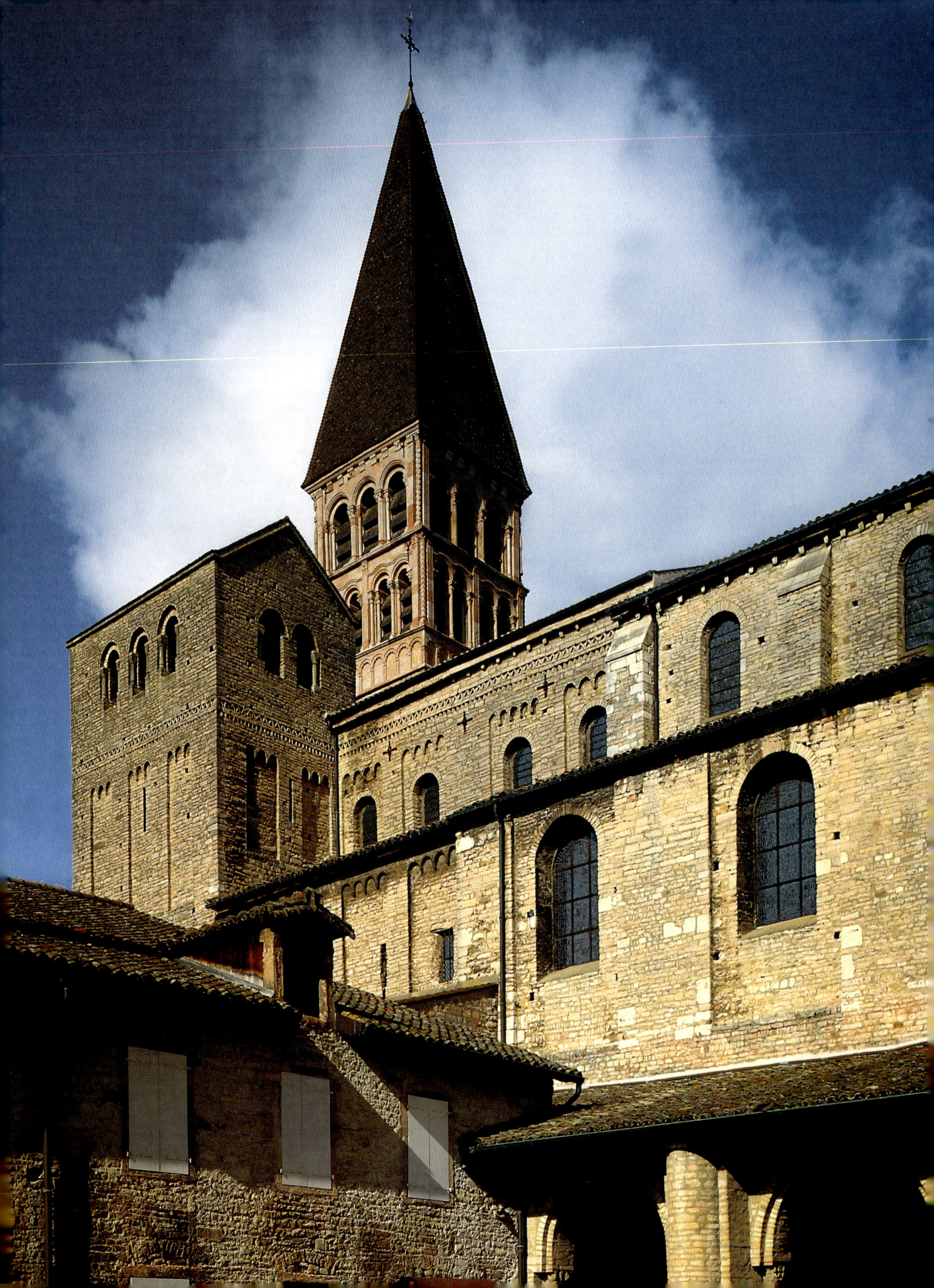

Sakralarchitektur in Frankreich

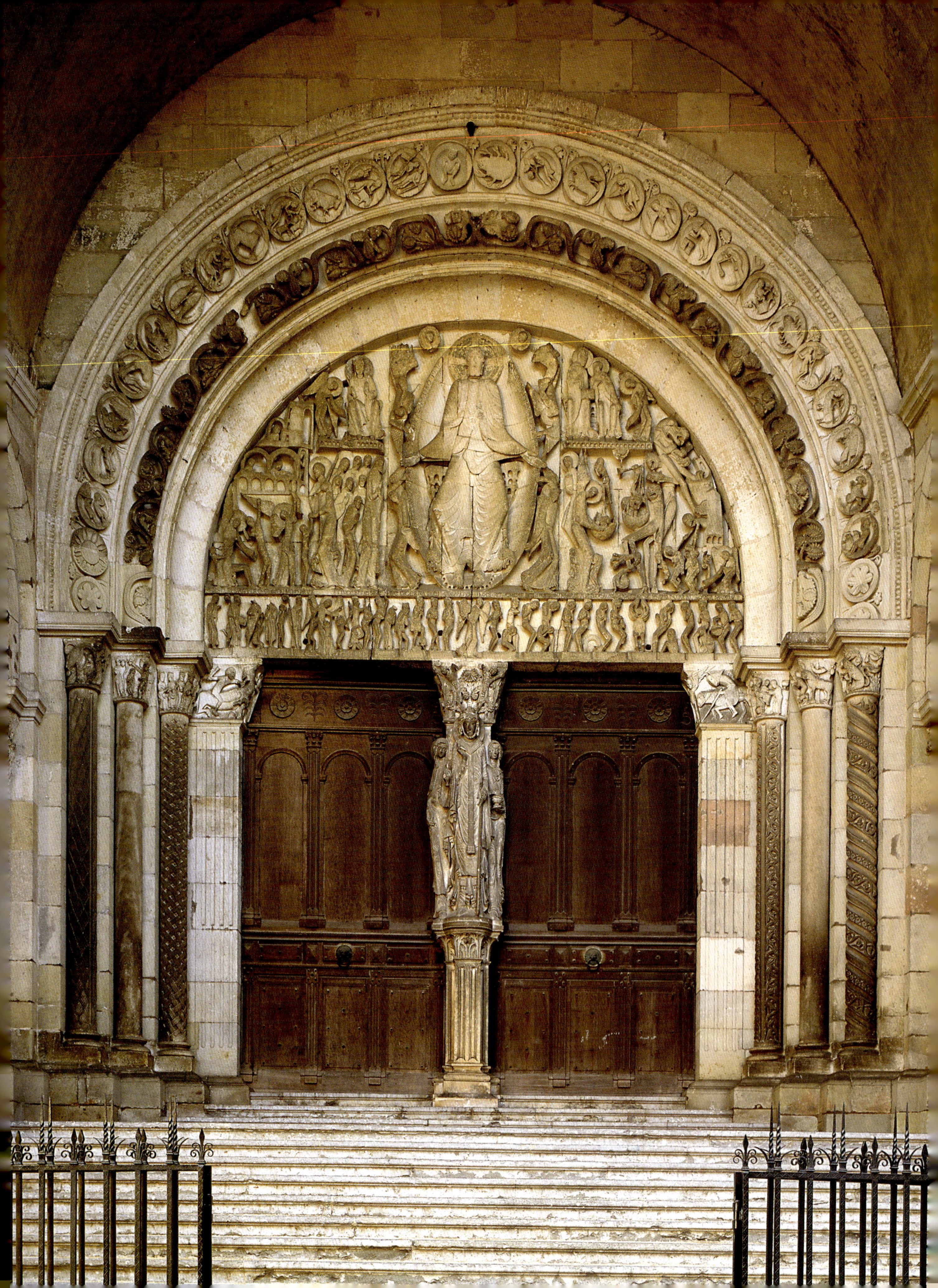

Sakralarchitektur in Frankreich

Autun, Saint-Lazare, 1120–46,
Langhauswand und Hauptportal

Zu den Nachfolgern der dritten Kirche von Cluny gehört auch die Lazarus-Kirche in Autun, die Bischof Étienne de Bagé errichten ließ. Ein Hauptwerk der romanischen Plastik ist die Portalanlage des Meisters Gislebertus, eine Darstellung des Jüngsten Gerichts.

FOLGENDE DOPPELSEITE **Vézelay, ehem. Klosterkirche Sainte-Madeleine,** ab 1120, Hochchor spätes 12. Jh., Vorhalle und Langhaus

Hauptvertreterin der Gruppe mit Gratgewölben im Mittelschiff und in den Seitenschiffen ist Sainte-Madeleine in Vézelay. Sowohl die figürliche als auch die ornamentale Plastik zählt zur qualitätvollsten in Burgund. Das gewaltige Tympanon stellt eine Kombination der Themen Ausgießung des Heiligen Geistes und Aussendung der Apostel dar.

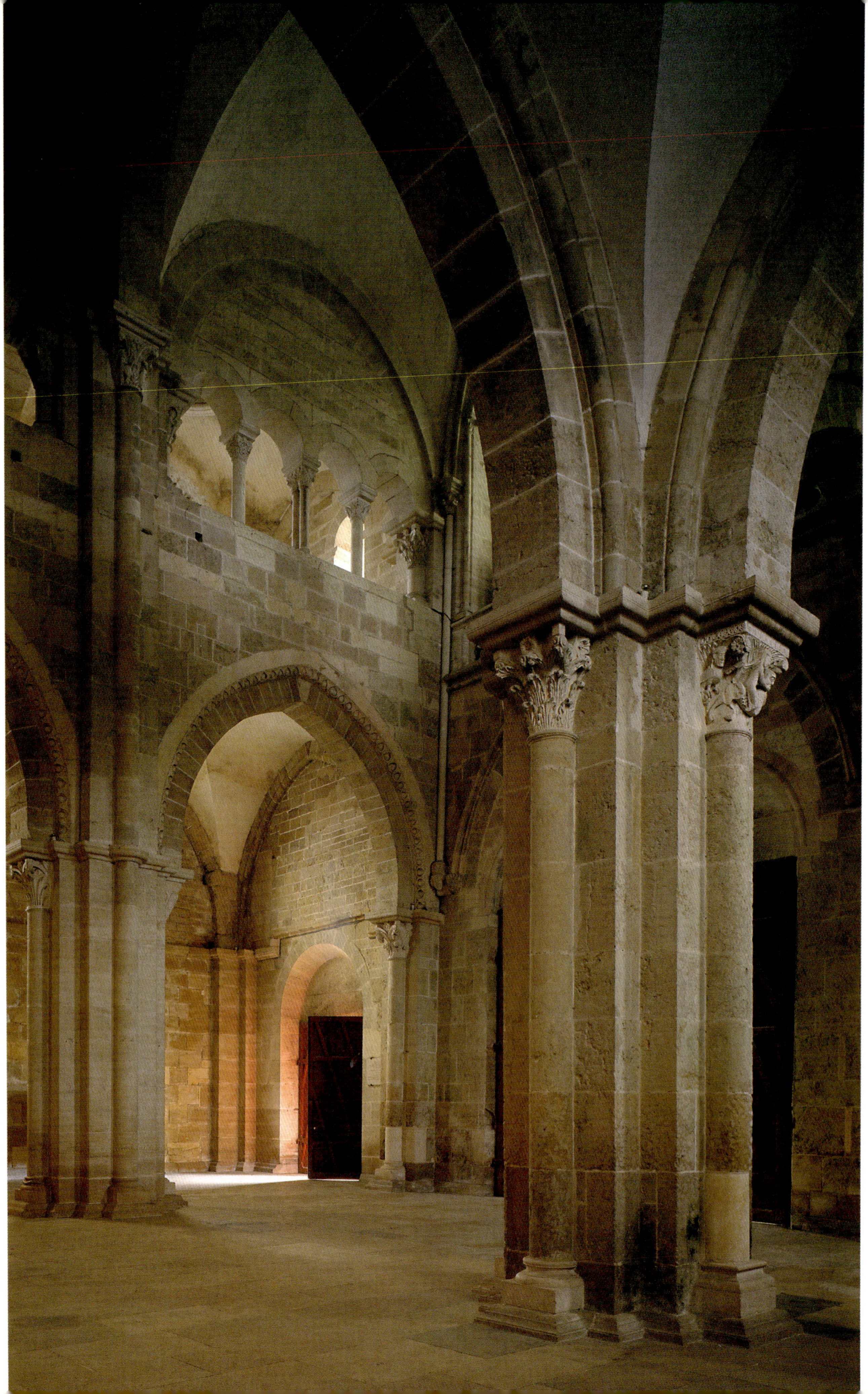

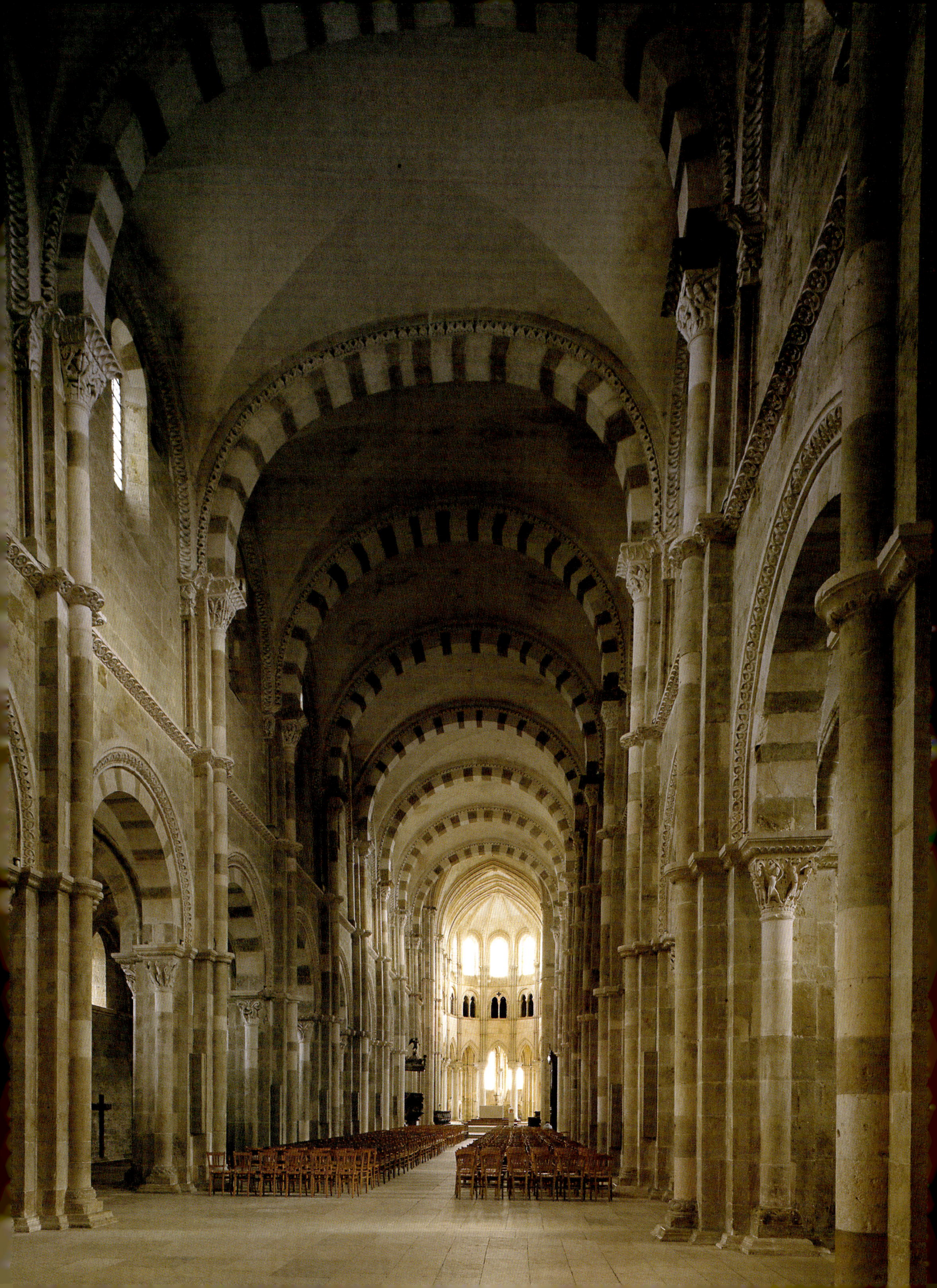

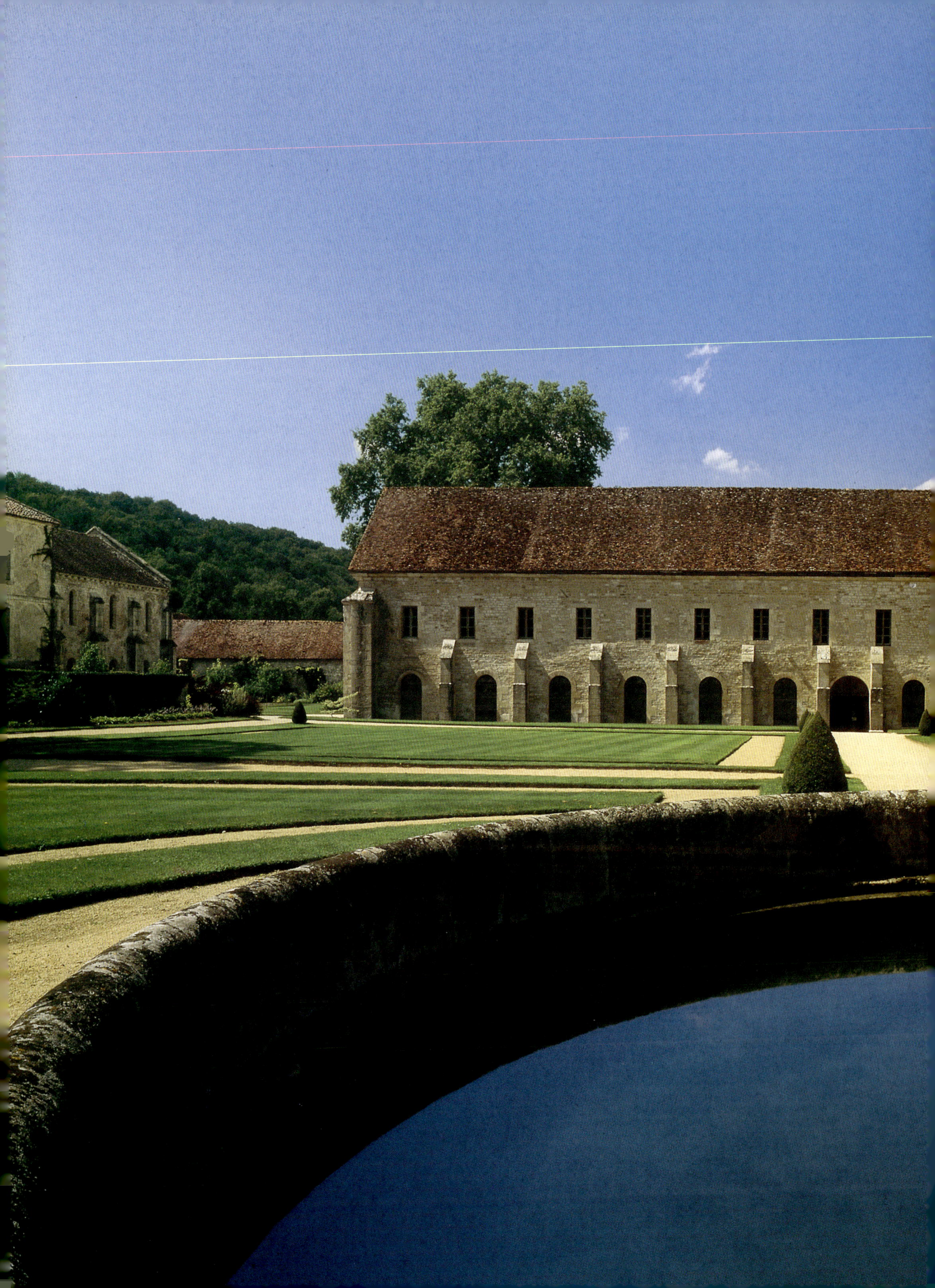

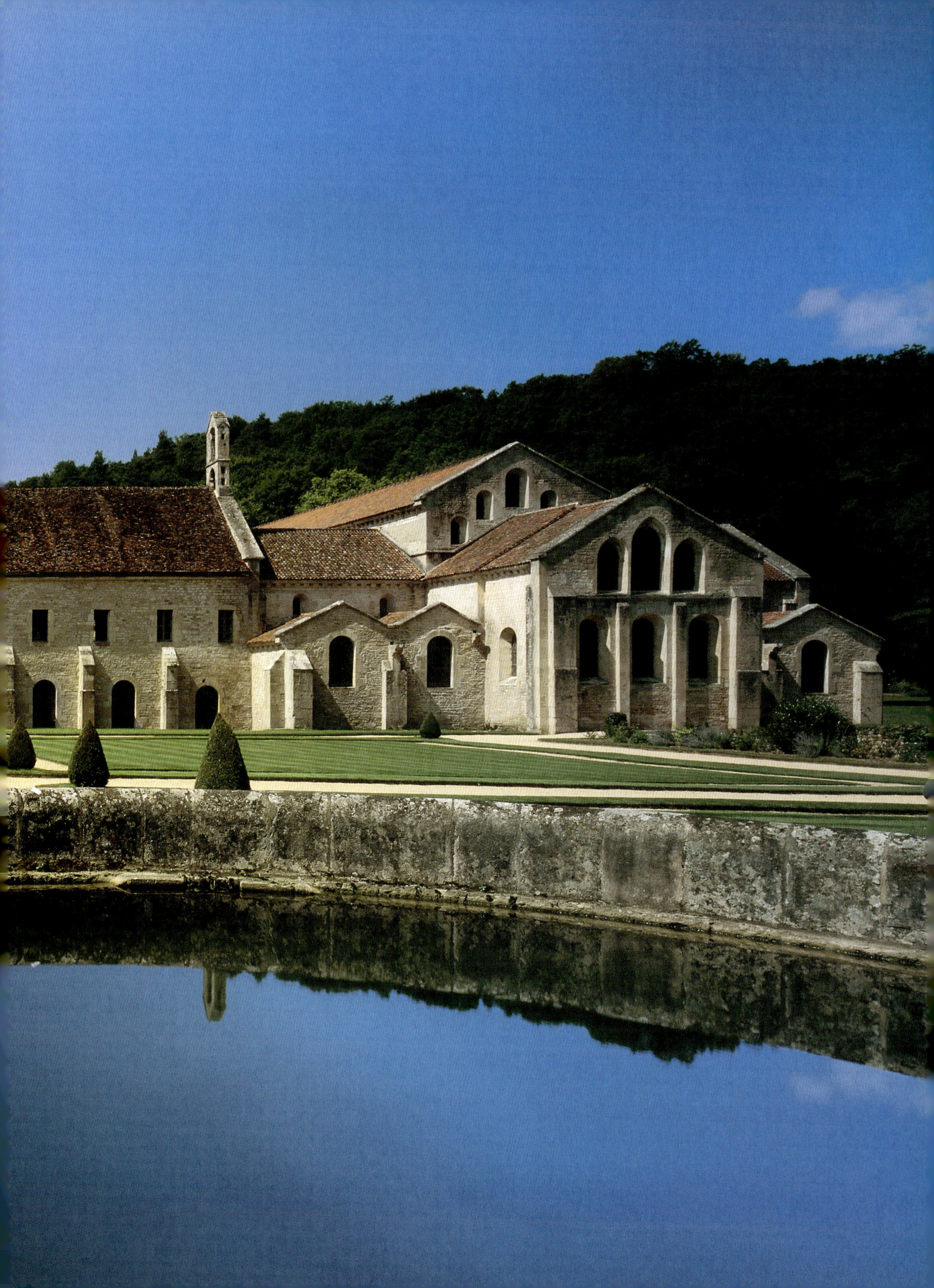

Frühmittelalter und Romanik

VORHERIGE DOPPELSEITE, RECHTE SEITE UND OBEN **Fontenay, ehem. Zisterzienserabtei,** 1139–47,
Außenansicht der Klosteranlage, Innenansicht der Kirche (linke Seite) und Kapitelsaal

Fontenay zählt mit Clairvaux, La Ferté und Pontigny zu den ersten Tochtergründungen von Cîteaux. Kirche und Klostergebäude, wohl nach Anweisungen von Bernhard von Clairvaux selbst errichtet, wurden zum Muster für zisterziensisches Bauen. Nach gotischen Erneuerungen und dem Abbruch der anderen drei Klöster ist Fontenay heute das älteste stehende Zeugnis der Ordensarchitektur. Die tonnengewölbte Pseudobasilika mit Quertonnen in den Seitenschiffen verbindet perfekte handwerkliche Arbeit mit einem fast vollständigen Verzicht auf Schmuck. Der Kapitelsaal hingegen entstand am Ende des 12. Jahrhunderts und besitzt die Anmut und Zierlichkeit frühgotischer Architektur.

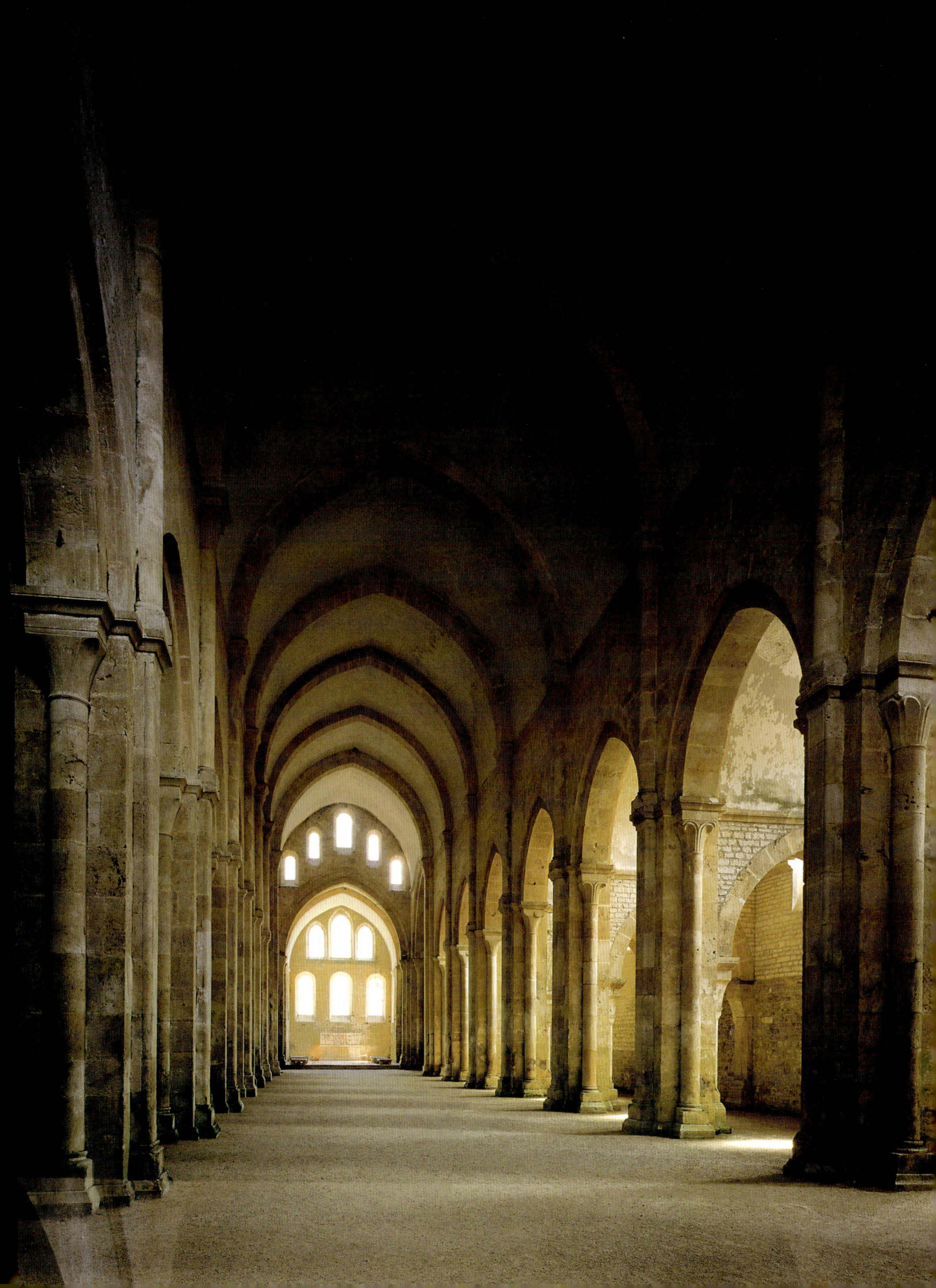

Frühmittelalter und Romanik

Caen, ehem. Klosterkirche Saint-Étienne, ca. 1060/65–81, Wölbung ca. 1120, Chor spätes 12. Jh., Außenansicht von Südost, Innenansicht nach Osten

Saint-Étienne ist die Grabkirche des Normannenherzogs Wilhelm, ein dreischiffiger Gliederbau mit Emporen und einem Laufgangobergaden. Er wurde zum Modell für beinahe die gesamte englische Romanik. 1120 gelang hier vermutlich das erste Rippengewölbe über einem Mittelschiff.

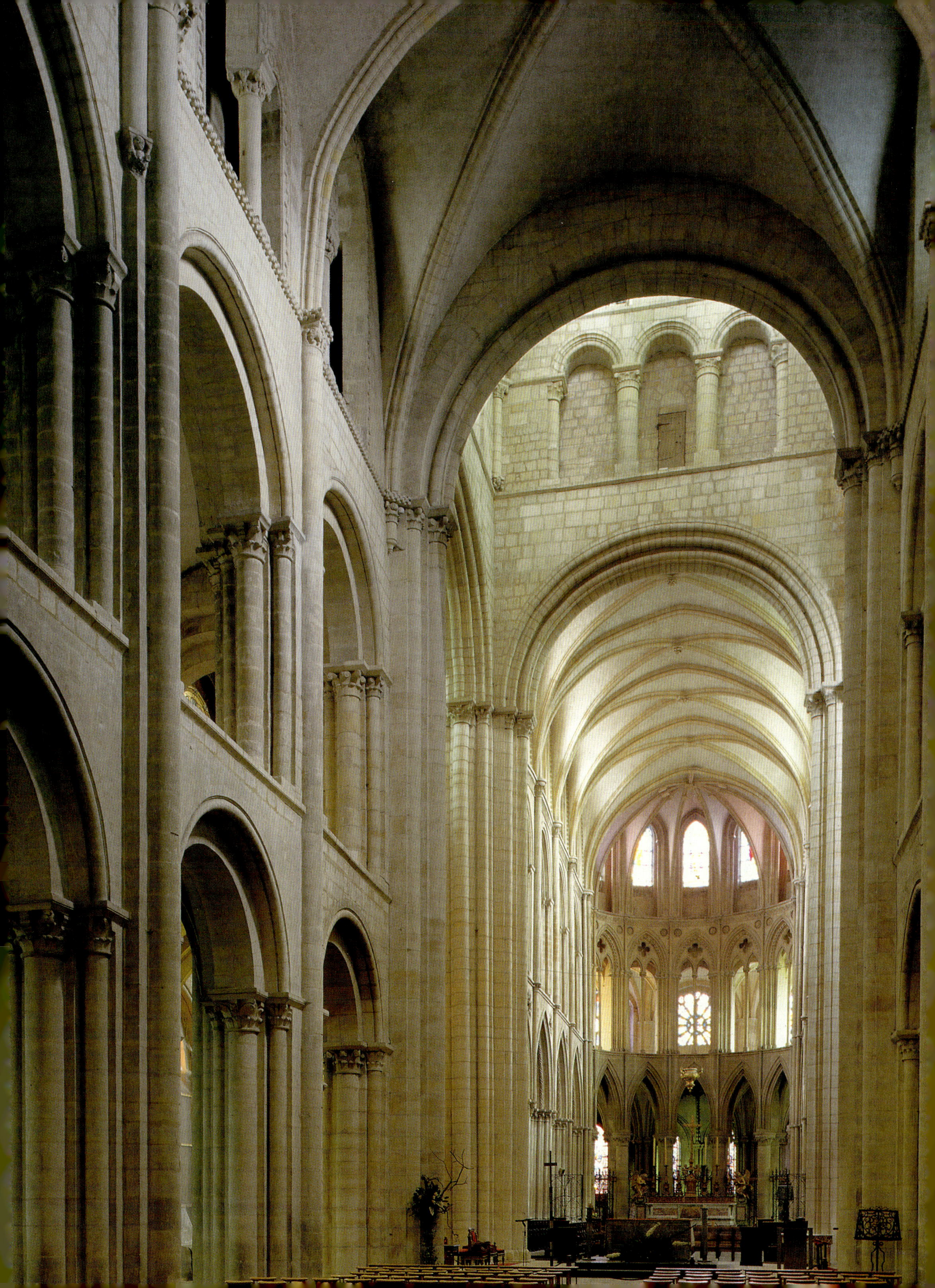

Frühmittelalter und Romanik

Sakralarchitektur in Frankreich

LINKE SEITE **Caen, ehem. Klosterkirche Sainte-Trinité,** um 1060/65–um 1120, Westansicht

Sainte-Trinité ist die Stiftung der Herzogin Mathilde von Flandern, eine Basilika mit Triforien anstelle der Emporen. Im Westen besitzt sie eine kraftvolle Doppelturmfassade.

Cerisy-la-Forêt, ehem. Prioratskirche Saint-Vigor, um 1080/85

Saint-Vigor ist ein Nachfolger von Saint-Étienne und gibt eine Vorstellung von dessen einstiger Chorpartie. Vom Langhaus sind nur zwei Joche ausgeführt.

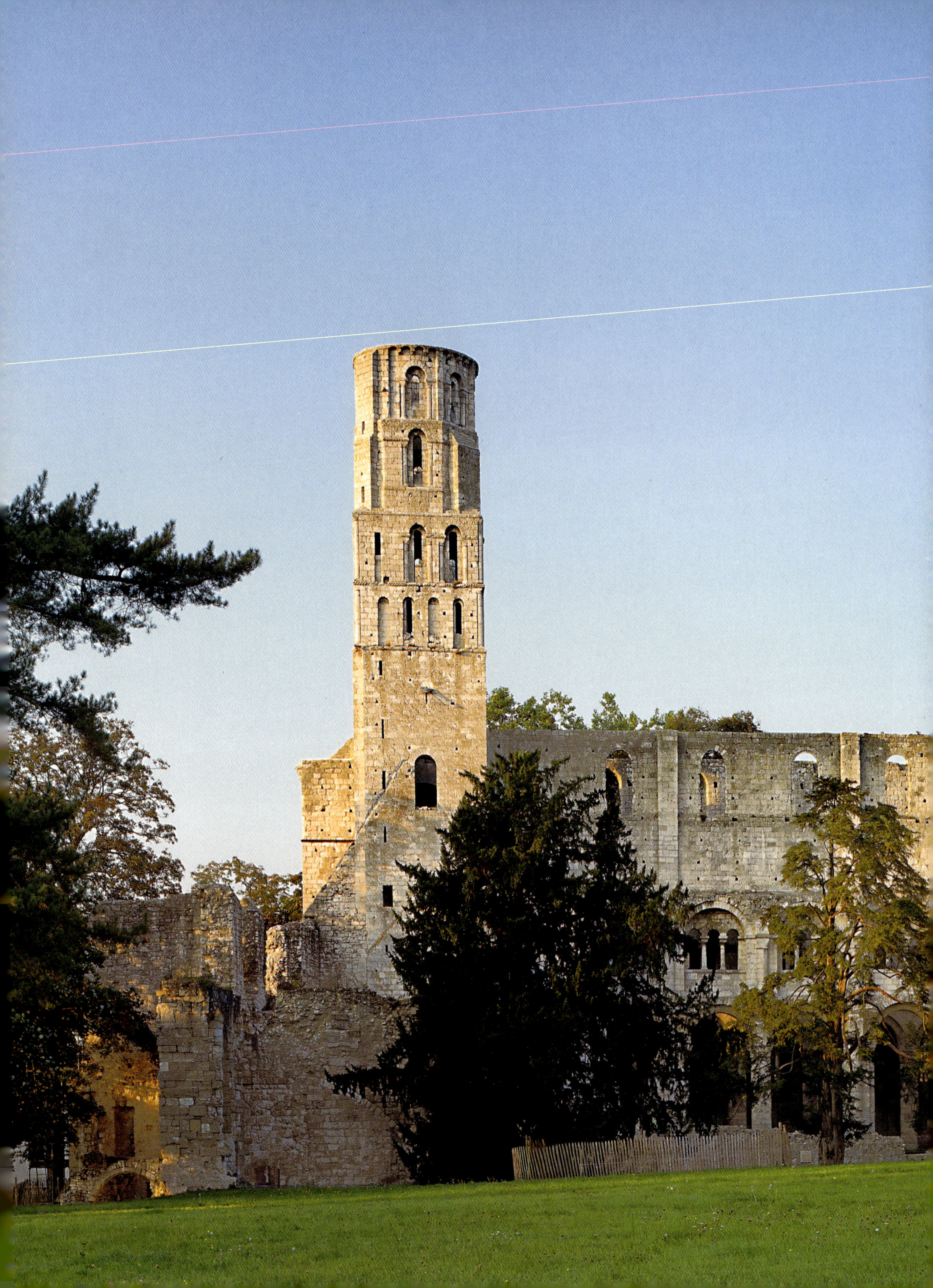

Sakralarchitektur in Frankreich

Jumièges, ehem. Abteikirche Notre-Dame,
1040–67, Ansicht von Süden

Die Abteikirche von Jumièges ist der früheste Bau der normannischen Romanik mit einem ausgeprägten Emporenaufriss und einem klar strukturierten Mittelschiff. Die Doppelturmfront nimmt die Fassaden von Caen vorweg, besitzt jedoch noch nicht deren Struktur.

Frühmittelalter und Romanik

Saint-Nectaire, ehem. Klosterkirche Saint-Nectaire, beg. um 1080, Ansicht von Südost

Saint-Nectaire gehört zur Gruppe der Pilgerkirchen, die zugunsten der Tonnenwölbung auf den Obergaden verzichten. Das erklärt den kompakten Außenbau. Typisch auch das zur Mitte hin hochgestufte Querhaus und der niedrige Chorumgang.

RECHTE SEITE **Issoiere, Saint-Paul,** beg. um 1130, Ansicht von Osten

Saint-Paul, ebenfalls eine Pilgerkirche, unterscheidet sich im Aufbau kaum von Saint-Nectaire. Noch reicher ist hier die mosaikartige Flächendekoration an Kapellen, Chorhaupt und Vierungsturm.

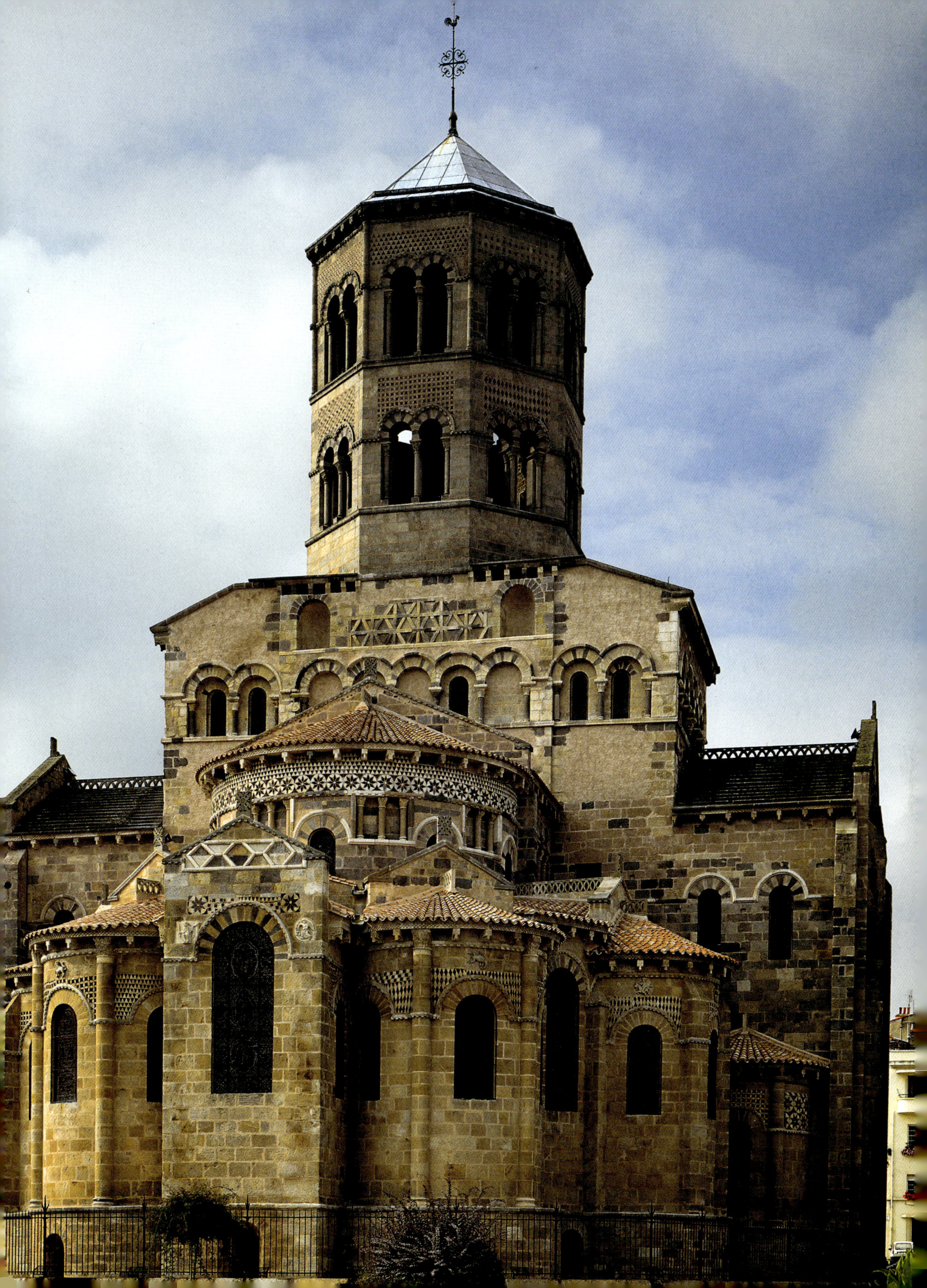

Frühmittelalter und Romanik

Conques, ehem. Abteikirche Sainte-Foy,
ab ca. 1050, Tympanon des Westportals,
3. Viertel 12. Jh., Ortsansicht und Kirche
von Südwest

Sakralarchitektur in Frankreich

Le Puy, Ansicht der Stadt mit der Kapelle Saint-Michel-d'Aiguille und der romanischen Kathedrale

Die sog. Pilgerkirchen bildeten Stationen an den vier großen Straßen durch Frankreich, die sich seit dem 10. Jahrhundert für den Weg nach Santiago de Compostela, einen der drei bedeutendsten Stätten des Christentums, etablierten. Sie vereinigten sich in Roncesvalles bzw. in Puente la Reina. Charakteristisch für diese Kirchen ist neben der speziellen Architektur der Reichtum an Plastik, der den Pilgern die Heilswahrheiten in Bildern vermitteln sollte. Das Tympanon von Conques thematisiert das Jüngste Gericht – in einer Weise, dass die Ängste der Gläubigen unmittelbar angesprochen wurden.

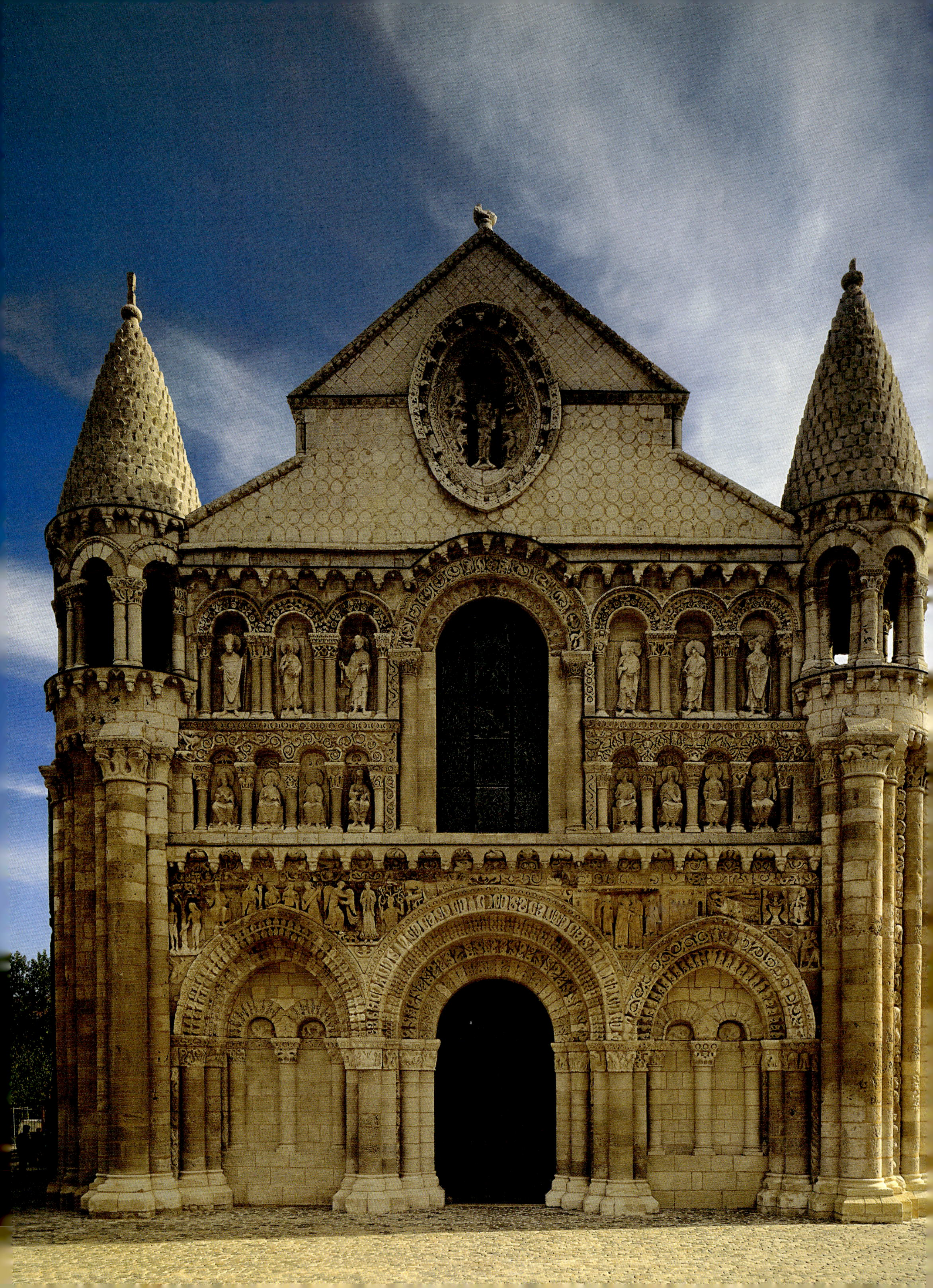

Sakralarchitektur in Frankreich

LINKE SEITE **Poitiers, Notre-Dame-la-Grande,** Westfassade, um 1150

Aulnay, Saint-Pierre, Portal des Südquerhauses, um 1130

Charakteristische Portal- und Fassadendekorationen für Poitou, Saintonge und Angoumois. Diese sog. westliche Schule verzichtete auf Tympana und dekorierte stattdessen jeden Keilstein der Portalrahmung mit einem Figürchen. In Poitiers ist dieses Dekorationssystem auf die ganze Fassade ausgeweitet, indem Blendarkaden den Rahmen für den reichen, flächig verteilten Skulpturenschmuck bilden.

Frühmittelalter und Romanik

Saint-Gilles-du-Gard, ehem. Abteikirche Saint-Gilles, Westfassade, Hauptportal: Detailansicht des rechten (südlichen) Gewändes, um 1170/80

Die Dreiportalanlage von Saint-Gilles ist eine monumentale Schauwand vor einer älteren Fassade. Figuren unterschiedlichen Alters und Stils (Thomas-Meister, Brunus-Meister, antikisierender Meister, Michael-Meister) sind zu einem ikonographisch und kompositionell ungewöhnlichen Werk kombiniert, das an römische Triumphbogen und Theaterarchitekturen denken lässt.

Sakralarchitektur in Frankreich

65

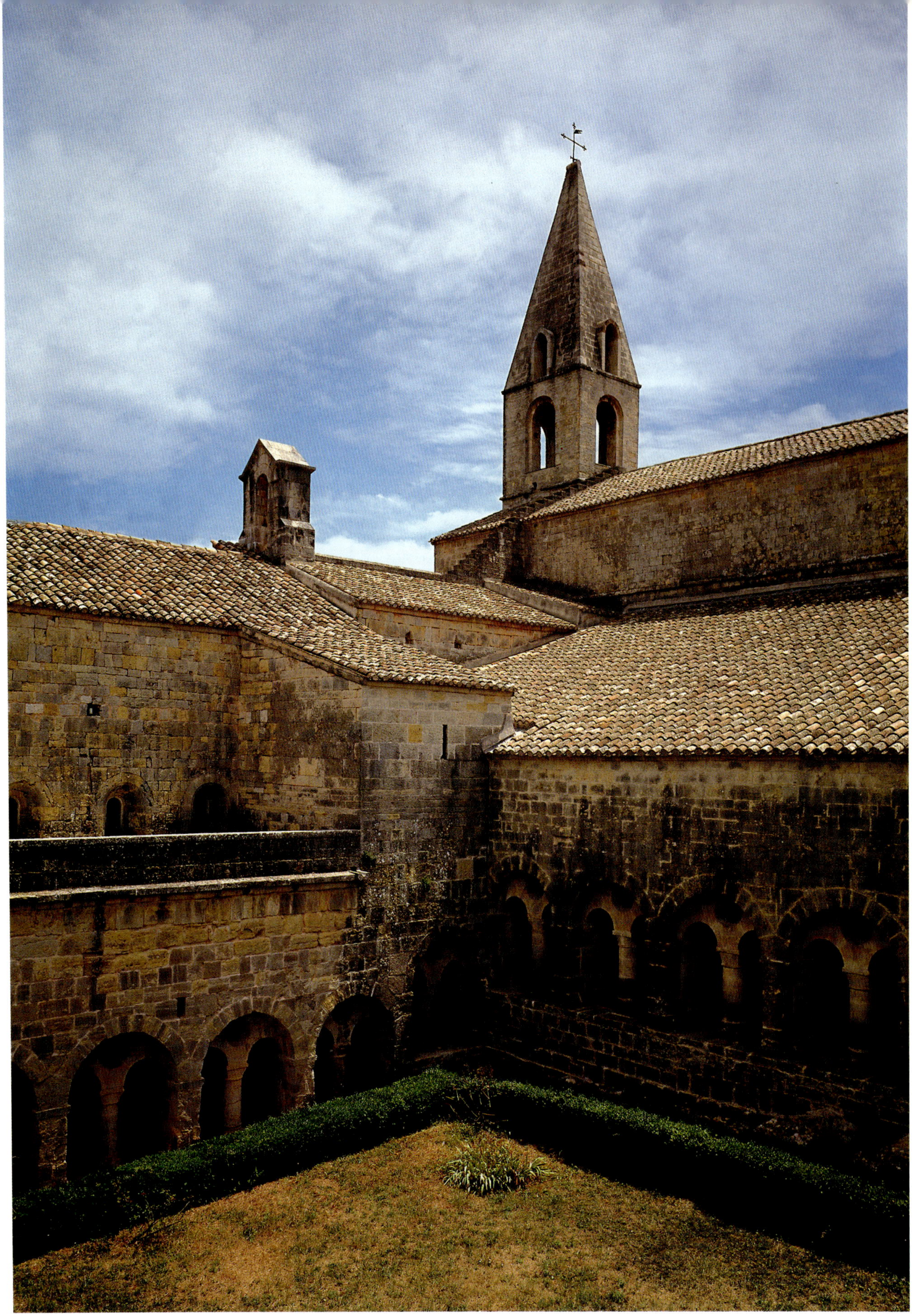

Sakralarchitektur in Frankreich

Le Thoronet, ehem. Zisterzienserabtei,
ca. 1150–1200, Kreuzgang-Innenhof,
Innenansicht der Klosterkirche

Le Thoronet repräsentiert zusammen mit Sénanque und Silvacane den zisterziensischen Klosterbau der Provence. Die Klosterkirchen sind stilistisch eng mit Fontenay verbunden und besitzen dieselbe Ausstrahlung strenger Würde und rigoroser Askese.

Frühmittelalter und Romanik

Sakralarchitektur in Frankreich

Saint-Michel-de-Cuxa, ehem. Benediktinerkloster, Kirche gew. 975, um 1040 vollendet

Die durch Abt Oliba im frühen 11. Jahrhundert erweiterte Kirche erhielt nach der Mitte des 12. Jahrhunderts eine steinerne Wölbung in allen Schiffen sowie einen Kreuzgang und einen reich geschmückten Turm.

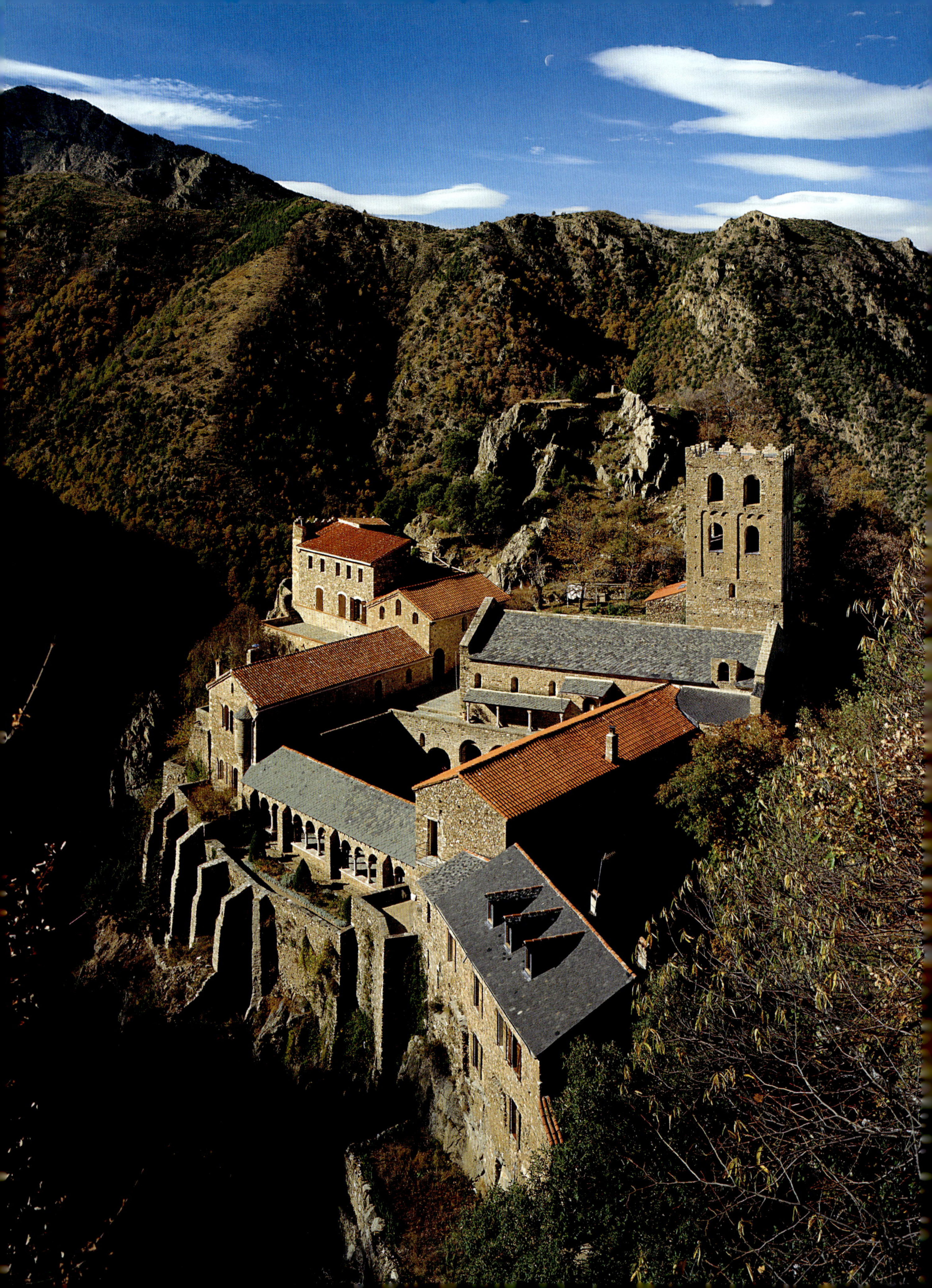

Sakralarchitektur in Frankreich

Saint-Martin-du-Canigou, ehem. Benediktinerkloster, gegr. 1001, Klosteranlage, Innenansicht der Klosterkirche nach Osten

Eine erste Weihe im Jahr 1009 bezieht sich wohl auf die Vollendung der Unterkirche, der bis 1026 die Oberkirche folgte. Beide sind tonnengewölbte Hallen; ihre Ausführung wirkt durch die schweren basislosen Säulen und die ungeschlachten Blockkapitelle archaisch.

Frühmittelalter und Romanik

Sakralarchitektur in Deutschland

Essen, Münster, ehem. Stiftskirche St. Cosmas und Damian, Mitte 11. Jh., Westapsis nach Aachener Vorbild

In den deutschen Ländern bildeten sich unter dem Aspekt der politischen und künstlerischen Erneuerung des Karolingerreiches erneut Zentren des ottonischen Kaiserhauses, von denen die Impulse für die Baukunst ausgingen. Aber auch unter den Saliern und den Staufern blieb die Architektur mit dem Herrscherhaus verbunden. Köln, die römische Gründung, hatte ab dem 5. Jahrhundert zwölf (zwölf Apostel!) Stiftskirchen über den Märtyrergräbern auf den römischen Friedhöfen erhalten, die alle als romanische Großbauten erneuert wurden. Andere Bischofsstädte im Süden und Osten zogen nach. So entstand also zeitlich parallel zur Klosterarchitektur in Frankreich im deutschsprachigen Gebiet unter dem Einfluss von Kaisern und Bischöfen eine Vielzahl von Kathedralen und Stiftskirchen.

Der älteste erhaltene Großbau der Zeit ist St. Cyriak, ehemals Damenstiftskirche, in Gernrode, von Markgraf Gero 961 gestiftet. Es handelt sich um eine dreischiffige, flach gedeckte Emporenbasilika mit kaum ausladendem Querhaus mit Ostapsiden, einer ursprünglich abgeschnürten Vierung und einer Hauptapsis hinter quadratischem Vorjoch. Der Chor liegt erhöht über einer Krypta. In Grund- und Aufriss sind die Achsenbeziehungen noch nicht vollkommen eingehalten. Erst die Jahrzehnte später durch Bischof Bernward von Hildesheim gestiftete Klosterkirche St. Michael vollendete das Streben nach Vereinheitlichung und Symmetrie, nach raumbildender Durchgliederung und Akzentuierung. Hier begegnet man erstmals einem Ost- und einem Westquerhaus, die das dreischiffige, flach gedeckte Langhaus vollkommen symmetrisch einfassen, dem gebundenen System, das den Grundriss aus lauter gleichen Quadraten aufbaut, der ausgeschiedenen Vierung und dem sächsischen Stützenwechsel, der den Langhausquadraten den Rhythmus Pfeiler–Säule–Säule–Pfeiler gibt. Neu ist aber auch der Schichtwechsel, die alternierend roten und weißen Steine an allen Bögen, welche die Abgrenzung der Räume gegeneinander betonen. Im Osten befand sich ein Dreiapsidenchor, im Westen eine weite gestelzte Apsis. St. Michael in Hildesheim ist richtungsweisend für die deutsche Romanik geworden.

Wie stark jedoch gerade in der Umgebung des Kaiserhauses noch immer karolingische Traditionen wirksam blieben, zeigt die um 1040/60 errichtete ehem. Damenstiftskirche, heute Münster, in Essen. Bauherrin war Äbtissin Theophanu, eine Enkelin Kaiser Ottos II. Erhalten sind die Mauern der Außenkrypta und der Westbau, dessen Formen noch stark dem Westwerk verpflichtet sind. Er öffnet sich mit drei Seiten eines Oktogons auf die westliche Vierung. Sein Aufriss ist ein wörtliches Zitat des Aachener Münsters, doch sind nun auch hier die Bögen durch Schichtwechsel hervorgehoben.

Sakralarchitektur in Deutschland

Ebenso innovativ wie Hildesheim ist auch der Dom zu Speyer gewesen. Konrad II., der erste salische Kaiser, begann ihn 1027 mit der Ostkrypta. 1061 wurde er geweiht. Trotz tief greifender Umbauten und Zerstörungen 1689 sind große Teile des Aufrisses, vor allem aber die Konzeption der Gesamtanlage erhalten. Mehr als acht Bauetappen und fast ebenso viele Planwechsel lassen sich nachweisen, die alle auf Vergrößerung und Steigerung der architektonischen Form zielen. Seit der Zerstörung von Cluny III ist der Speyrer Dom das größte romanische Bauwerk Europas. Charakteristisch sind die beiden ursprünglich gleichartigen Dreiturmgruppen im Osten und Westen, die das lang gestreckte dreischiffig-basilikale Langhaus rahmen. Vieles weist darauf hin, dass Konrad, der 1032 das Rektorat über Burgund erlangt hatte, dort die Tonnenwölbung in Cluny II gesehen hatte und für Speyer ein tonnengewölbtes Mittelschiff wünschte, um sich eine »in ottonischer Zeit unbekannte Form sakraler Herrschaftsrepräsentation zu schaffen. In direktem Rückgriff auf die in allen Teilen gewölbte Aachener Grabkirche seines Vorbildes suchte Konrad II. die Grabkirchen Heinrichs I. in Quedlinburg, Ottos des Großen in Magdeburg, Ottos II. in Memleben und Heinrichs II. in Bamberg und natürlich auch die bischöflichen Großbauten der Jahrtausendwende in bisher unbekannter Monumentalität zu übertreffen. (…) Der Dom Konrads II. ist Ausdruck der Idee der christlichen Weltherrschaft, die im späteren 11. Jahrhundert auch zum Ziel der Cluniazenser und des Papsttums wurde« (Wischermann).

Bei einer Mittelschiffbreite von 14 Metern scheiterte das Tonnenprojekt, und Speyer erhielt zunächst eine Flachdecke. Innovativ ist dennoch der Aufriss: Den quadratischen Pfeilern der hohen Arkaden sind im Wechsel eine bzw. zwei Lisenen und eine halbrunde Vorlage aufgelegt, die eine

Speyer, Dom St. Maria und St. Stephan, ab 1027/30, Langhaus (oben), Südwestansicht (unten)

Frühmittelalter und Romanik

Fenster rahmende Rundbogengliederung und – über den Doppellisenen – Gurtbögen tragen. Diese Gurtbögen, zunächst für die Tonne bestimmt, trennen heute die Gratgewölbe, die Heinrich IV. von etwa 1080 bis 1106 einziehen ließ. Damit war in Deutschland das steinerne Gewölbe eingeführt, und bis zum Bau der ersten Rippengewölbe in der zweiten Hälfte des 12. Jahrhunderts im Elsaß und um 1200 z. B. in St. Aposteln in Köln existierte das Gratgewölbe gleichberechtigt neben der Flachdecke. Der einmal als verbindlich angesehene quadratische Schematismus fand darin die ideale Wölbungsform. Die Dome von Mainz und Worms sind unzweideutig Nachfolger von Speyer. Die reich mit Lisenen, Blendbögen, Bogenfriesen und Zwerggalerien geschmückten Außenbauten sind typisch für die deutsche Spätromanik, welche die einzeln nebeneinander gesetzten stereometrischen Bauteile durch diese Friese und Bänder zu einem plastisch durchgliederten Gesamtkörper zusammenbindet.

Die Entwicklung der romanischen Sakralarchitektur ging also von einem zweigeschossigen, kastenartigen Langhaus aus (die Emporen in Gernrode sind eine Ausnahme), dem im Osten und häufig auch im Westen Querhäuser oder zumindest Westbauten angefügt sind. Diese stehen zuweilen noch in der Tradition der karolingischen Westwerke und besitzen umlaufende Emporen, z. B. St. Pantaleon in Köln. Schon früh beobachtet man neben dem Vierungsturm auch schlanke Türme seitlich des Ostchors (Limburg an der Haardt, 1025-45, Speyrer Dom). Sie bilden das gewünschte Gegengewicht zu den westlichen Turmpaaren, die schon das Westwerk ausgezeichnet hatten. Der Dreiturmanlage im Westen stand so eine gleichwertige Ostturmgruppe gegenüber. Am Dom in Trier entstand bis 1074 ein Westbau mit zentraler Apsis und mächtigen Vierkanttürmen über den Querhausarmen, welche ihrerseits noch einmal von schlanken Rundtürmen an den Ecken begleitet werden.

Über den zunächst ausschließlich flach gedeckten Langhäusern entstanden seit dem letzten Viertel des 11. Jahrhunderts auch Gratgewölbe (Maria Laach, Knechtsteden, 1138–ca. 1160). Der zweizonige Aufriss aus Arkaden und Obergaden bereicherte sich, vielleicht unter dem Einfluss der Dome von Mainz und Worms, wo die hohen Blendarkaden von Speyer schrittweise zu Blendnischen zwischen Arkaden und Obergaden umgedeutet worden waren, um ein Blendtriforium auf Säulchen. Die Langhäuser von St. Aposteln (durch Umbau des Langhauses ab 1193), St. Andreas und St. Kunibert (bis 1227) in Köln sind Beispiele. Zu gleicher Zeit fanden auch die Emporen, die in Frankreich seit 1000 geläufig geworden waren, Eingang in die Romanik östlich des Rheins, z. B. in den Münstern in Basel und Freiburg, beide gegen 1200, oder in St. Ursula in Köln (zweite Hälfte des 12. Jahrhunderts).

Der Grundriss und die Bauteile blieben, abgesehen von geringen Varianten, während fast zwei Jahrhunderten konstant. Doch führte der 1049 bzw. 1065 geweihte Neubau der Damenstiftskirche St. Maria im Kapitol den Trikonchos ein. An die dreischiffige Pfeilerbasilika schließen die kleeblattförmigen Ostteile an, um deren flach gedeckte Mittelschiffe die gewölbten Seitenschiffe herumgeführt wurden. Unter der Ostkonche befindet sich eine Hallenkrypta mit radial angeordneten Kapellen. Dieser ungewöhnliche Grundriss, der den Chorumgang auch auf die Querhausarme überträgt und so die gesamte Kirche an den Seiten umgehbar macht, erinnert an die Pilgerkirchen mit ihren dreischiffigen Querhäusern. In Köln

Worms, Dom St. Peter, spätes 12./frühes 13. Jh., Westchor

LINKE SEITE **Trier, Dom St. Peter,** Westbau, 1074 abgeschlossen

Frühmittelalter und Romanik

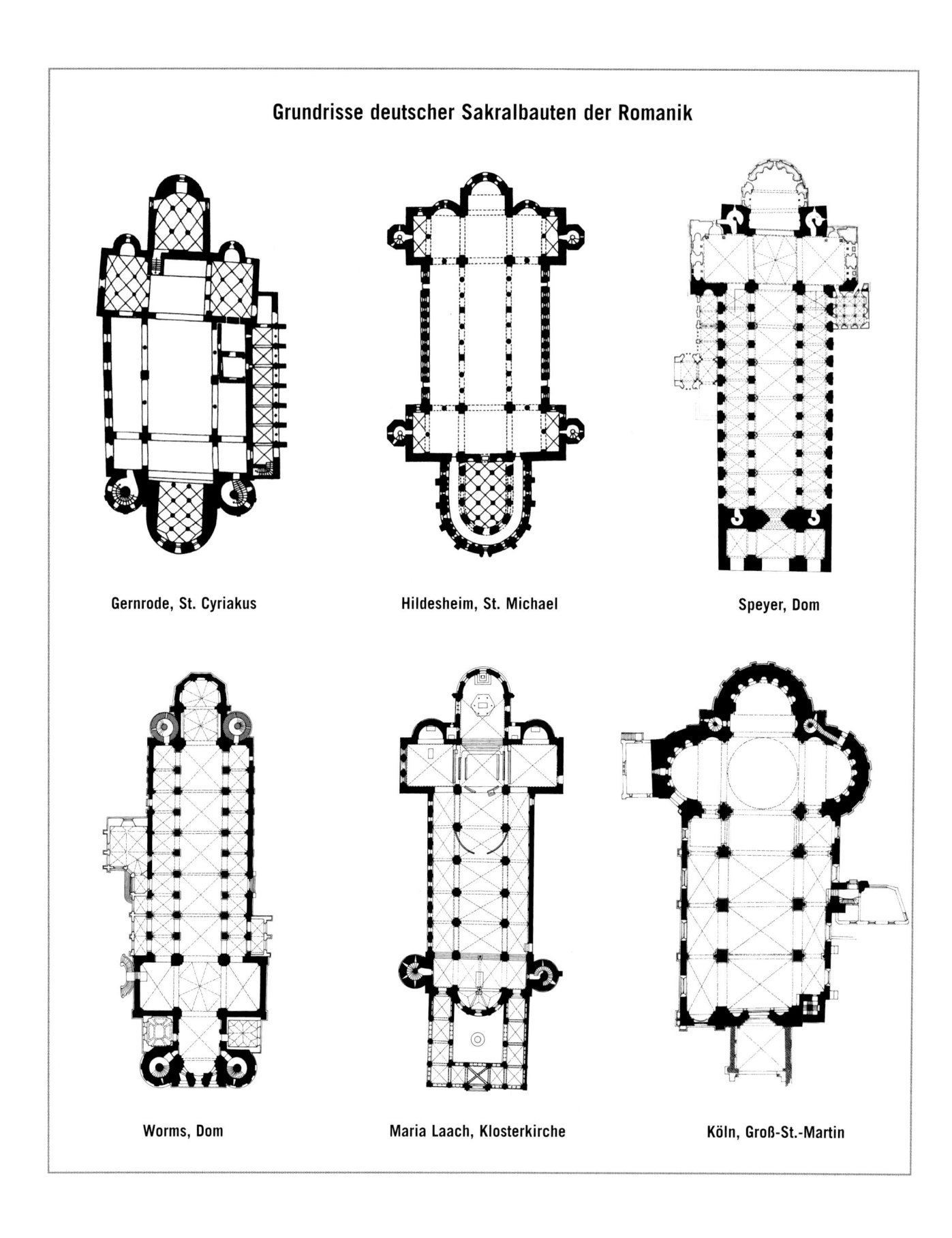

Grundrisse deutscher Sakralbauten der Romanik

Gernrode, St. Cyriakus

Hildesheim, St. Michael

Speyer, Dom

Worms, Dom

Maria Laach, Klosterkirche

Köln, Groß-St.-Martin

wurde er, mehrfach wiederholt, zum typischen Motiv, allerdings immer mit einer Blend- oder Nischengliederung anstelle des Umgangs. Beispiele sind St. Georg (1059–67), wo der Trikonchos offenbar mit der Idee des Dreiapsidenchors verbunden wurde, Groß-St.-Martin (um 1150/70) und St. Aposteln (Langhaus um 1030, Trikonchos ab 1193).

In außergewöhnlich vielen erhaltenen Beispielen vertreten ist auch die stets gratgewölbte Hallenkrypta unter den Ost- oder unter den Westteilen der Kirchen. Ihre Popularität liegt darin begründet, dass schon Kaiser Otto der Große, indem er sich in der Krypta des Magdeburger Doms beisetzen ließ, die Idee des Heiligenkultes mit dem des Herrscherkultes verband. Von nun an beherbergten die Krypten Stifter- und Herrschergräber in großer Zahl.

Eine bedeutende Gruppe bildeten in Deutschland jene Kirchen, die sich der Hirsauer Reform unterstellten, welche von Cluny ausgegangen war. Ihre Kirchen sind flach gedeckte, zweigeschossige Säulenbasiliken mit ausladendem Querhaus und dreiteiligem Chor. Typisch ist der Pfeiler im ersten Langhausjoch nach der Vierung, wo der chorus minor vom Hochchor abgegrenzt war. Die Initialkirche in Hirsau (1082–91) ist als eindrucksvolle Ruine erhalten. Eine sehr schöne, charakteristisch hirsauische Kirche ist auch die ehemalige Benediktiner-Klosterkirche St. Benedikt in Alpirsbach, die sich auf das erste Drittel des 12. Jahrhunderts datieren lässt.

Maria Laach, Benediktiner-Klosterkirche, ab 1093, Innenansicht nach Osten

Basel, Münster, ehem. Kathedrale St. Maria, heute ev. Pfarrkirche, nach 1185, Langhauswand

FOLGENDE DOPPELSEITE **Gernrode, ehem. Nonnenklosterkirche St. Cyriak,** gegr. 961, Außenbau von Westen (links), Langhaus nach Osten (rechts)

Dieser älteste erhaltene Großbau aus ottonischer Zeit steht noch in der Tradition der karolingischen Architektur. Neu sind jedoch die kürzeren Querarme, die ausgeschiedene Vierung (d. h. alle vier Bögen sind gleich hoch), die breiteren Seitenschiffe und der rheinische Stützenwechsel (Pfeiler–Säule–Pfeiler) im Langhaus.

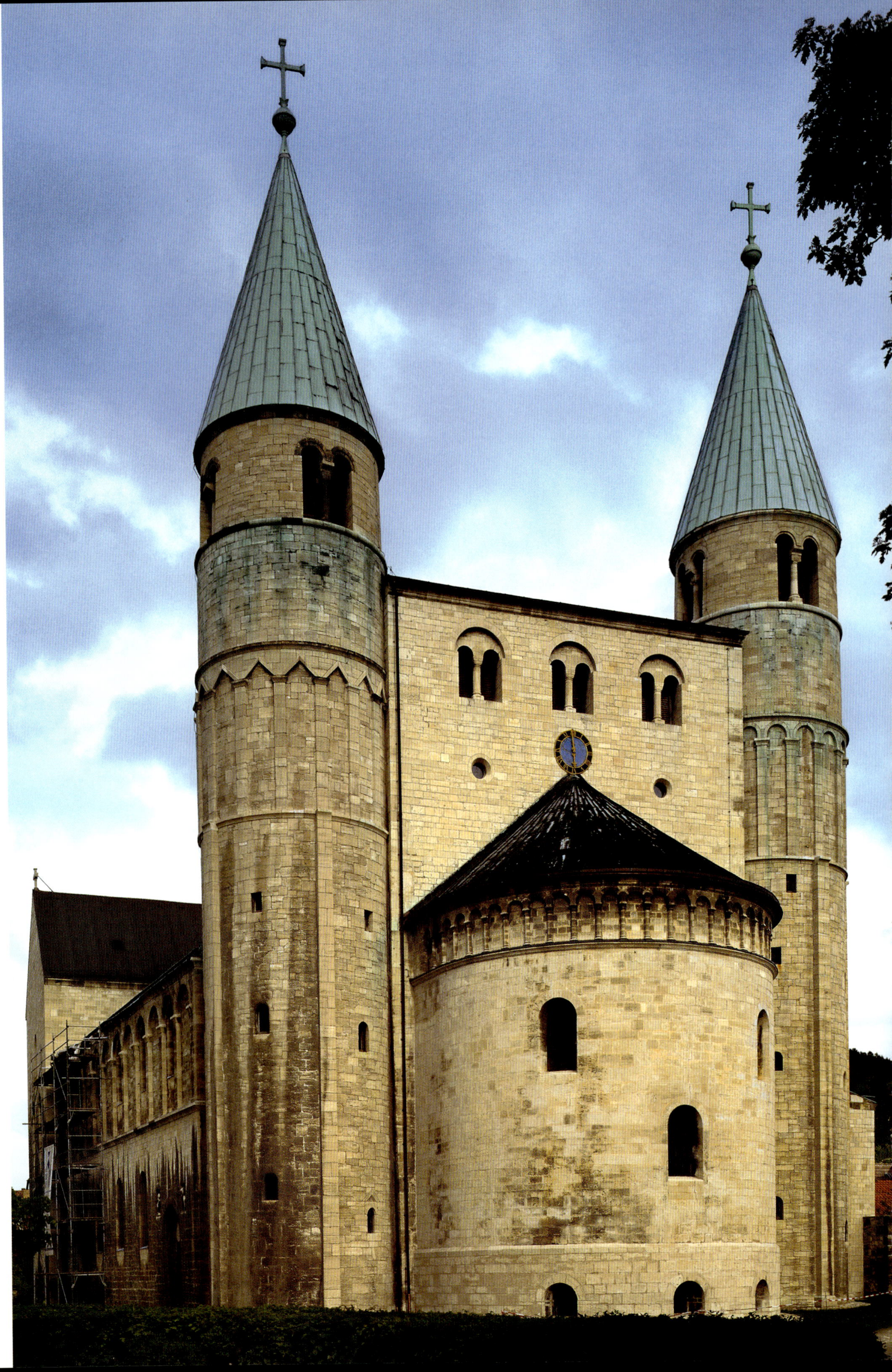

Sakralarchitektur in Deutschland

Frühmittelalter und Romanik

Hildesheim, ehem. Benediktinerkloster St. Michael, gegr. 996, Kirche 1010–33, Arkadendetail, Innenansicht, Außenansicht von Südost

St. Michael ist der Initialbau der ottonischen Architektur, die auf Symmetrie und Ausgewogenheit zielte. Richtungsweisend sind das gebundene System und die beiden symmetrischen Querhäuser mit ausgeschiedenen Vierungen.

Sakralarchitektur in Deutschland

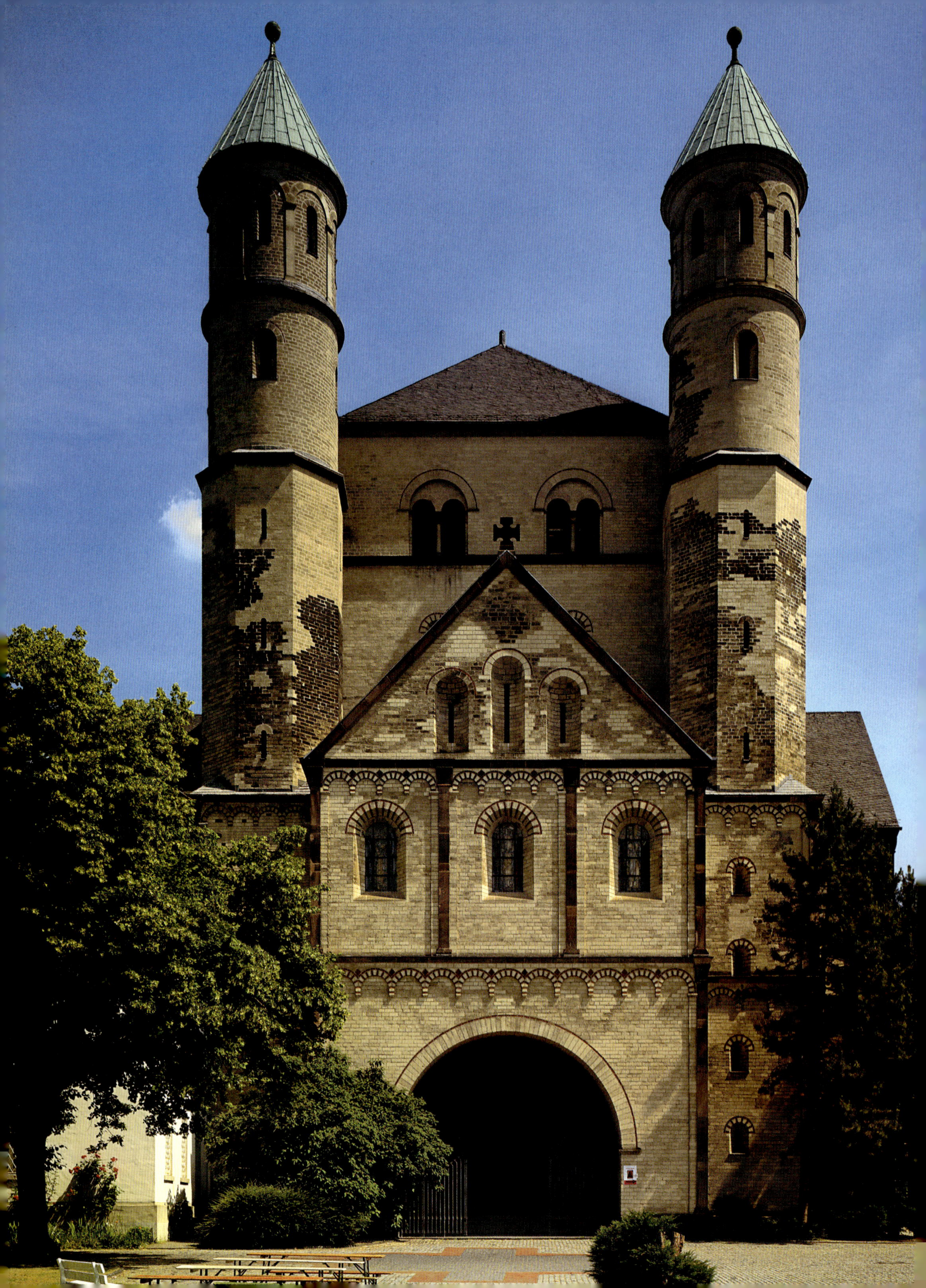

Köln, ehem. Stiftskirche St. Panataleon, beg. 991, Westbau und Innenansicht

Von der 991 begonnenen Saalkirche ist nur der Westbau erhalten, der in der Tradition karolingischer Westwerke steht. Kennzeichnend sind der Zentralraumcharakter im Innern und der blockhafte Außenbau mit den beiden Türmen, die eine niedrigere Vorhalle flankieren.

Frühmittelalter und Romanik

Speyer, Dom, beg. um 1030, nördl. Seitenschiff, Außenansicht von Osten

Der Dom zu Speyer ist in seiner ursprünglichen Planung der früheste monumentale Tonnenwölbungsbau. Konrad II. wählte ihn zu seiner Grablege und machte ihn zum Träger seiner weit reichenden Ambitionen und Ansprüche. Nach dem Scheitern der geplanten Wölbung erhielt das Mittelschiff eine Flachdecke und um 1080 Gratgewölbe.

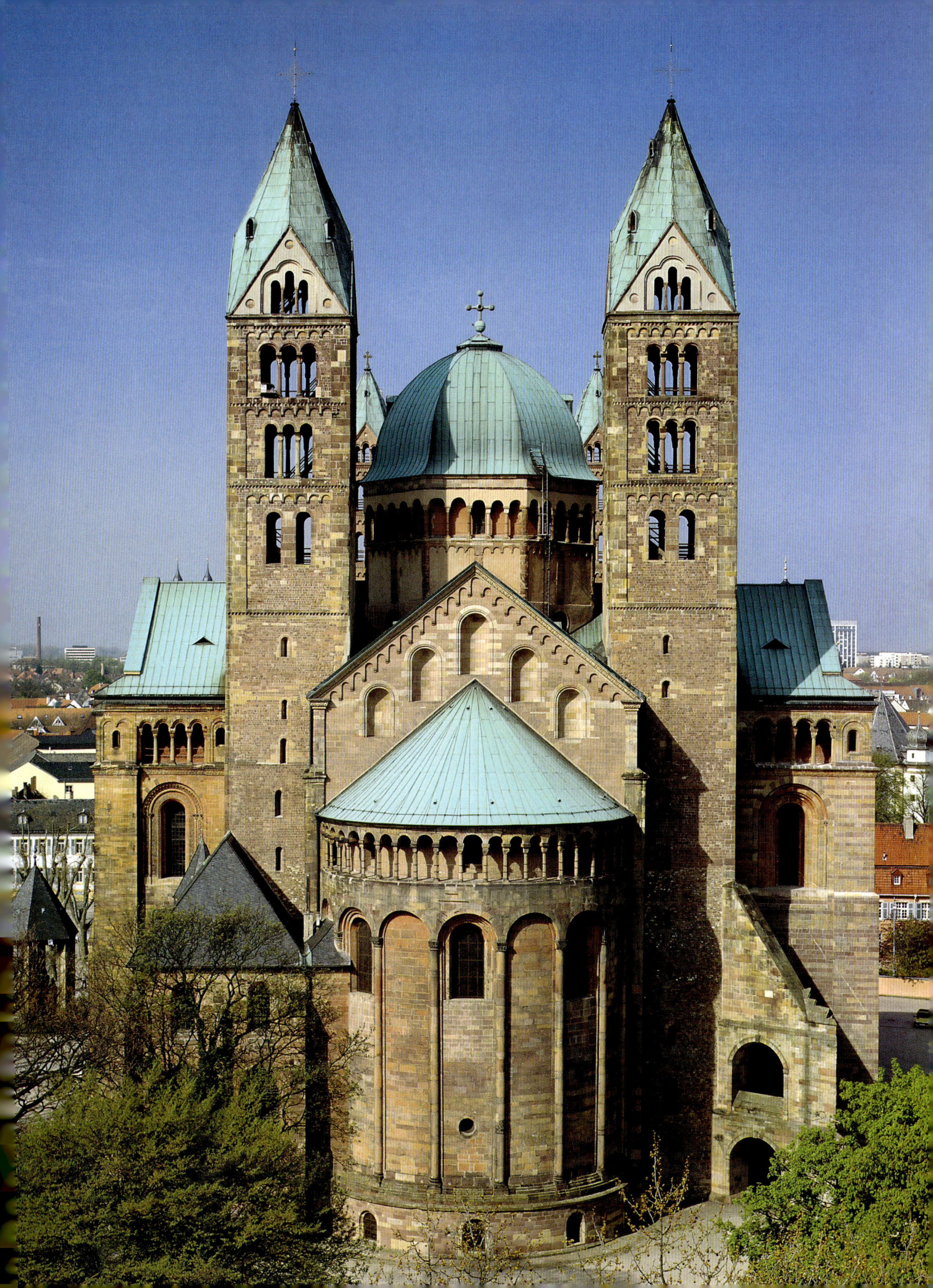

Frühmittelalter und Romanik

Sakralarchitektur in Deutschland

Köln, ehem. Stiftskirche St. Maria im Kapitol, Krypta bis 1049, Kirche bis 1065, Außenansicht des Dreikonchenchors

Der Ausgangspunkt der »rheinischen Bauschule« des 11. Jahrhunderts ist St. Maria im Kapitol. Das auffallendste Motiv ist der Trikonchos, um den die Seitenschiffe des Langhauses herumgeführt sind. Unter den Ostteilen befindet sich eine ausgedehnte Hallenkrypta.

FOLGENDE DOPPELSEITE LINKS **Calw-Hirsau, ehem. Benediktiner-Klosterkirche St. Peter und Paul,** 1082–91, Blick über die Klosterruine auf den so genannten Eulenturm, den nördlichen Turm der einstmaligen Doppelturmfassade

Unter Abt Wilhelm, der die cluniazensische Reform in Hirsau einführte, wurde das Kloster zu einem geistigen und kirchenpolitischen Zentrum Deutschlands und zum Ausgangspunkt der Hirsauer Bauschule, die allerdings den zisterziensischen Bauidealen näher steht als den cluniazensischen. Eines der am reinsten erhaltenen Beispiele ist die Klosterkirche in Alpirsbach.

FOLGENDE DOPPELSEITE RECHTS **Murbach, ehem. Klosterkirche,** um 1130

In Murbach sind es die Ostteile, die in zwei Türmen über dem Seitenschiff aufgipfeln. Die Wände sind aus dem typischen goldroten Sandstein, der zusammen mit der flachen Reliefierung der Wand ein lebhaftes Farbspiel erzeugt.

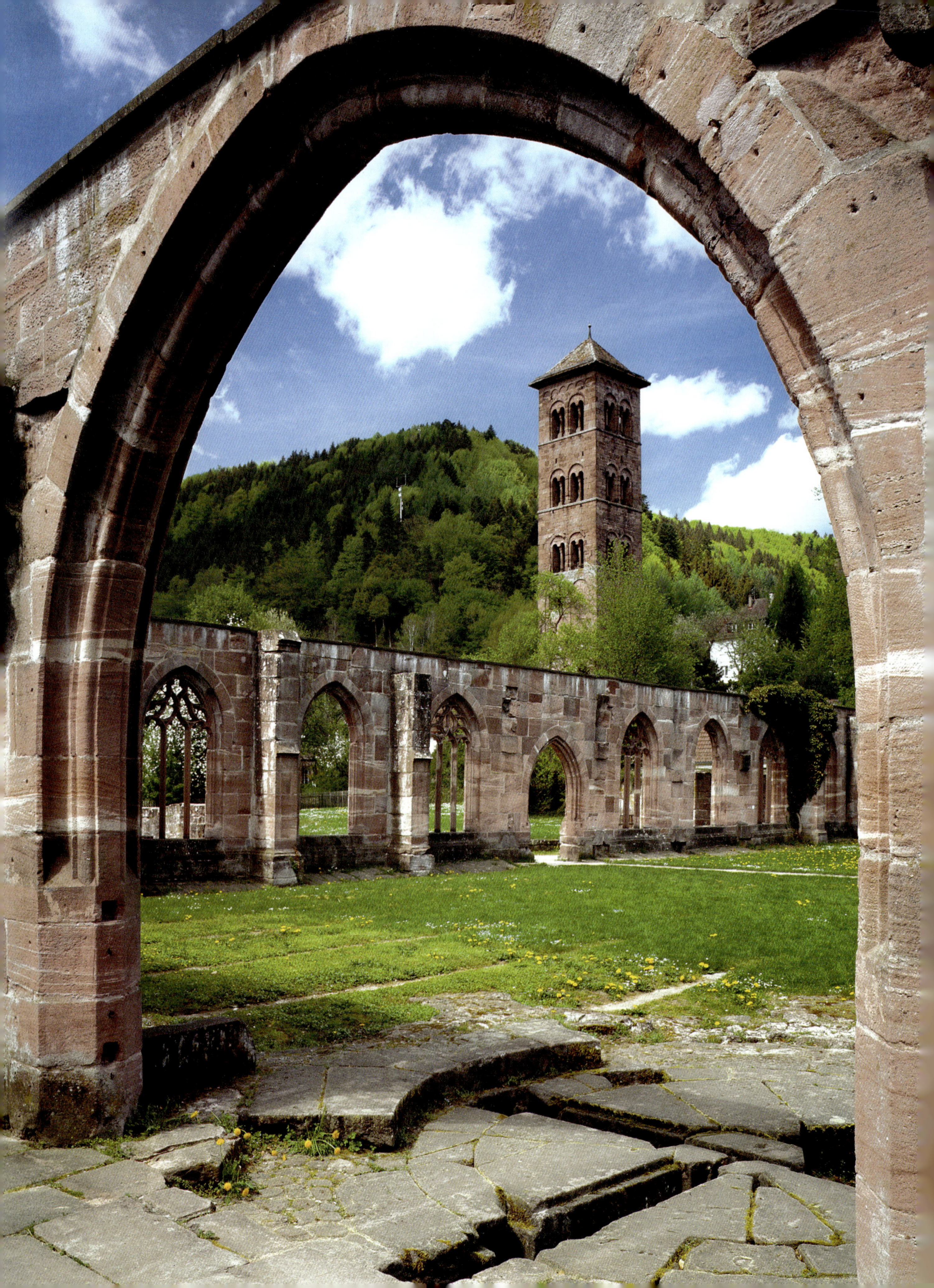

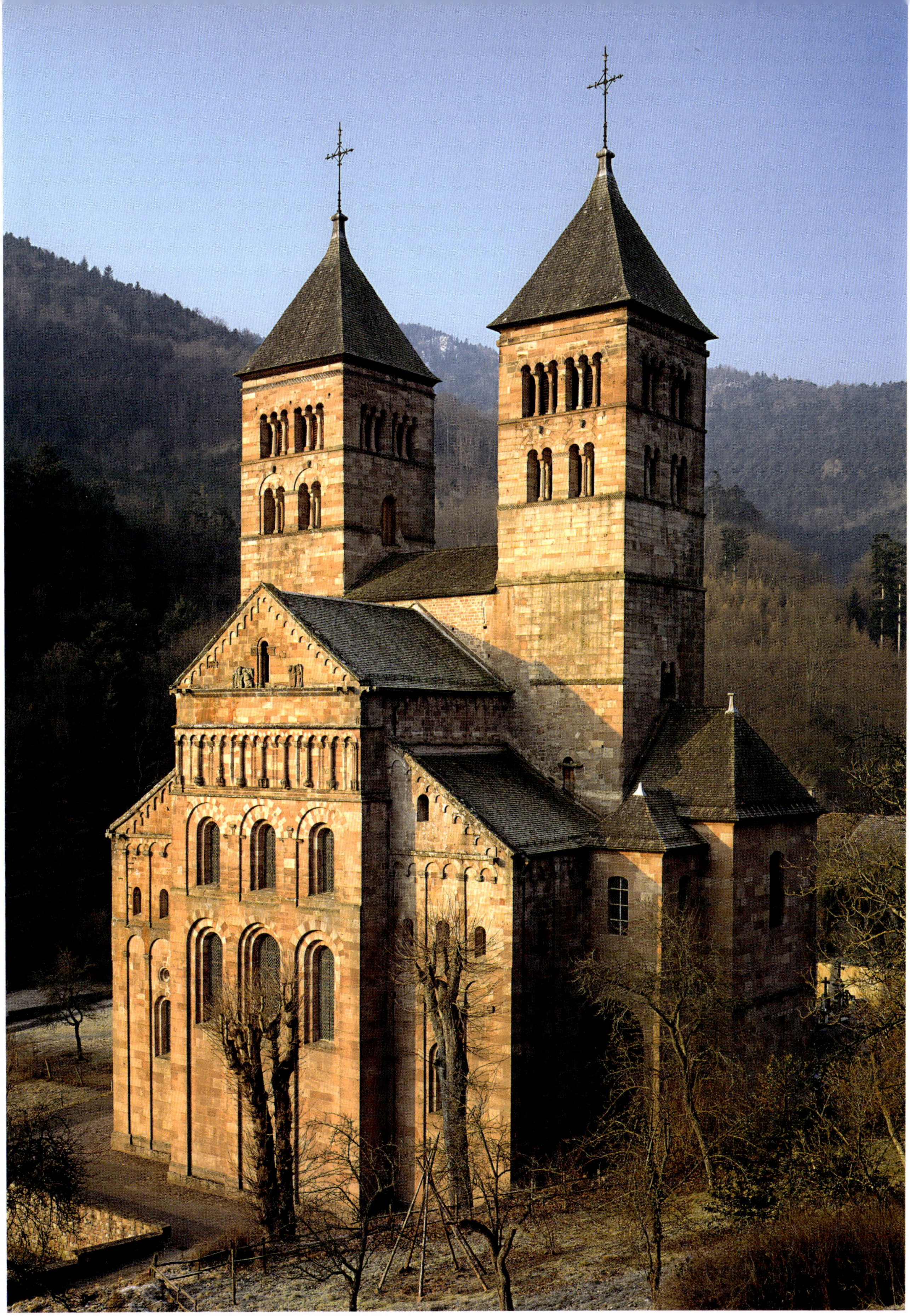

Frühmittelalter und Romanik

Sakralarchitektur in Deutschland

Ratzeburg, St. Maria und St. Johannes Ev., heute Dom, 1160/70–1215/20

Die kreuzförmige Basilika mit benediktinischem Chor besitzt einen mächtigen Einturm im Westen, der von hohen querhausartigen Anbauten begleitet wird. Man trifft diese Disposition, ebenso wie die zierlich gegliederten Giebel, häufiger in der Backsteingotik.

FOLGENDE DOPPELSEITE **Halberstadt, Liebfrauenkirche,** um 1140, Langhaus nach Osten, Außenansicht von Osten

Die flach gedeckte dreischiffige Pfeilerbasilika mit hohem Querhaus und benediktinischem Chor verzichtet innen wie außen durchgehend auf Schmuck und Gliederung und schließt damit an frühromanische Vorbilder wie Hersfeld oder Limburg an der Haardt an.

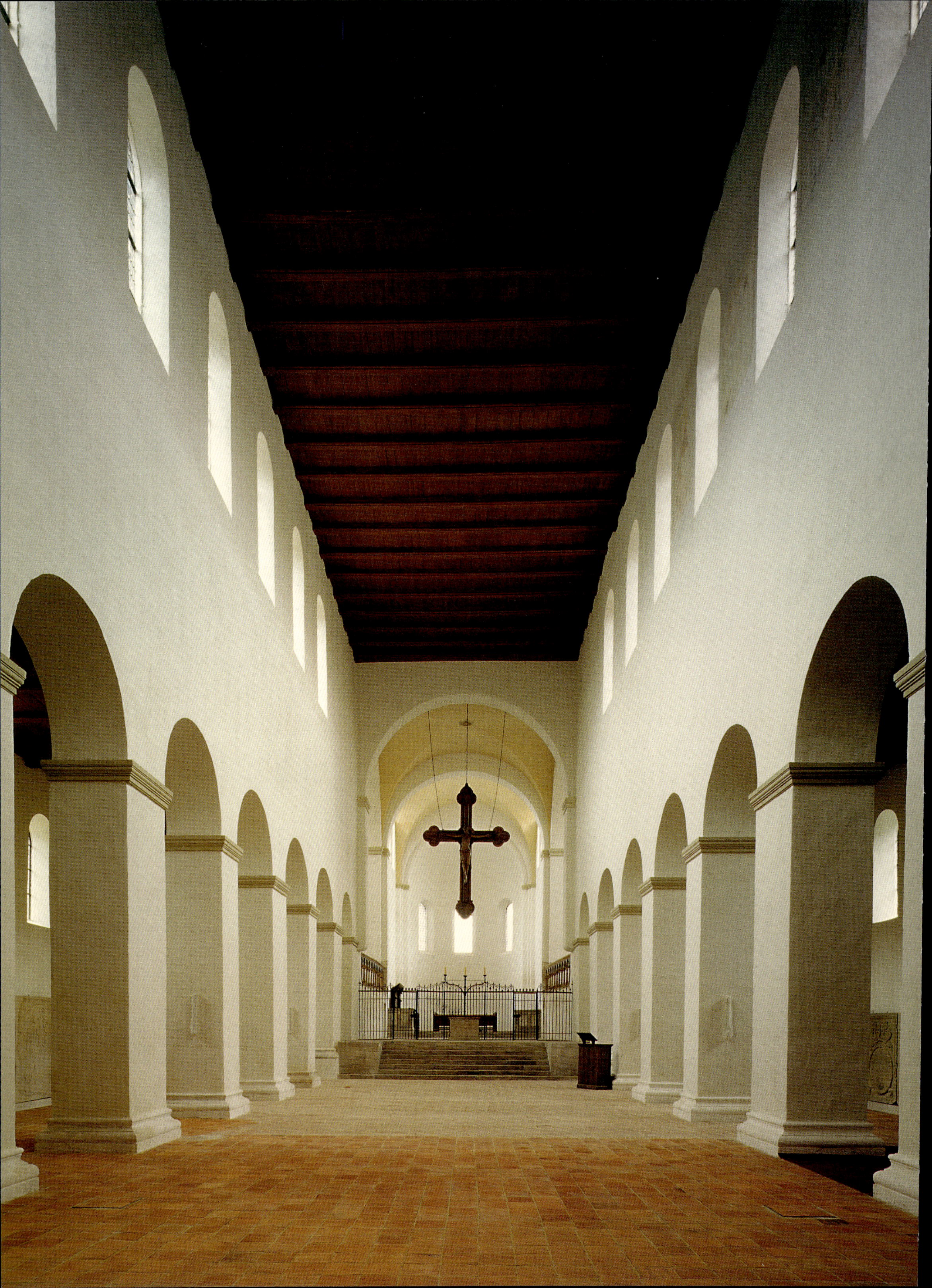

Sakralarchitektur in Deutschland

Frühmittelalter und Romanik

Sakralarchitektur in Italien

Venedig, San Marco, beg. 1063, Mosaikschmuck im Chorraum (Detail)

RECHTE SEITE **Empoli, Collegiata Sant' Andrea,** romanischer Neubau ab 1093, Westfassade

In Italien ist die Baukunst des 11. und 12. Jahrhunderts ebenso uneinheitlich wie die politische Machtverteilung. Die Geschichte Ober- und Mittelitaliens war durch die Eroberung des Langobardenreiches und das Schutzversprechen für den Kirchenstaat durch Karl den Großen während des gesamten Mittelalters eng mit derjenigen des Fränkischen bzw. Deutschen Reiches verbunden. Die oberitalienischen Städte erlangten nach dem Investiturstreit zunehmend politische Selbständigkeit, und die frühe und mächtige Präsenz von Kaufleuten an der Adria öffnete das Land für architektonische und gesellschaftliche Innovationen ebenso wie für politische und religiöse Einflüsse. Das bedeutendste und schönste Beispiel dafür ist San Marco in Venedig (beg. 1063) mit seinem von der Apostelkirche in Byzanz übernommenen Grundriss, dem faszinierenden Mosaikschmuck und der zur Stadt hin offenen und durchlässigen Front. Doch blieb San Marco wie Venedig selbst eine Ausnahmeerscheinung.

Unter der Führung langobardischer Bauleute entwickelte sich in Oberitalien eine eigene Bauschule, die sich in der Wahl ihrer Bautypen an den querhauslosen ravennatischen Basiliken des 5. und 6. Jahrhunderts, den Emporenbasiliken Nordfrankreichs und auch immer wieder an der frühchristlichen Basilika Alt-St.-Peter orientierte. Ihre kreativen Fähigkeiten nutzte diese Schule zur Entwicklung von Ornamenten und der Wandgestaltung am Außenbau. Die Motive – Galerien, Blendarkaden, Bogen- und Konsolgesimse und Pilaster – sind ihrerseits von byzantinischen Formen angeregt und fanden vor allem in der fortgeschrittenen deutschen Romanik eine umfangreiche Verwendung. Beispiele in Italien sind die Dome von Modena, Murano (gew. um 1140) und Parma (12. Jahrhundert), San Zeno Maggiore in Verona, Sant' Abbondio in Como (1027–95), wo die stetig fortschreitende Durchbrechung der Mauer und die Entwicklung zur Zweischaligkeit der Fassaden zu beobachten sind. Im Innern waren sowohl offene Dachstühle oder Flachdecken als auch Gratgewölbe üblich. Die Klosterkirchen Santa Maria in Pomposa und Sant' Abbondio in Como, diese Letztere fünfschiffig, sind schöne Beispiele der querhauslosen Säulenbasiliken mit offenem Dachstuhl in der Nachfolge Ravennas. Auch Sant' Ambrogio in Mailand, ein Bau mit einer ungewöhnlich langen und komplizierten Baugeschichte, gehörte einst in diese Gruppe. Der Dreiapsidenchor und die Krypta sowie der Campanile stammen aus dem 9. Jahrhundert, das Langhaus glich wohl dem von Pomposa. Im späten 12. Jahrhundert entstand jedoch beim Einbau von Emporen und Rippengewölben ein gebundenes System. Auf einen Obergaden wurde verzichtet. Die Dome von Modena (ab 1099) und Piacenza (ab 1122) dagegen waren schon in ihrer Ursprungskonzeption dreigeschossige(!) Emporenkirchen mit Stützenwechsel nach

Sakralarchitektur in Italien

Frühmittelalter und Romanik

dem Vorbild Jumièges. Die Rippengewölbe entstanden durch Umplanungen während der langen Bauzeit.

Die Toskana, das antike Tuscien, setzte ebenfalls den Bautyp der querhauslosen Säulenbasilika fort, doch wurde hier die relativ schlichte und unaufwändige Architektur innen und außen durch geometrische Marmorverkleidungen aufgewertet. Das berühmteste Beispiel ist San Miniato al Monte in Florenz (zweite Hälfte des 11. Jahrhunderts), dessen Fassade das Motiv der fünf Blendbögen prägte, welches die Kirchen der Toskana kennzeichnet. Noch reicher sind die Marmorinkrustationen am Baptisterium San Giovanni in Florenz, das wie ein monumentaler Schrein wirkt.

1064, im selben Jahr wie Venedig, begann die zweite Seemacht Italiens, die Stadt Pisa, mit dem Bau ihres Doms – auch er ein Unikat in seiner Zeit und in Verbindung mit schiefem Turm und Baptisterium ein großartiges Ensemble. Über fünfschiffigem Grundriss erhebt sich eine ungewöhnlich hohe, flach gedeckte Säulenbasilika mit einem weit ausladenden dreischiffigen Querhaus und überkuppelter Vierung, einem Vorchor und einer Apsis. Das ungemein repräsentative, schlank und grazil wirkende Mittel-

Bari, San Nicola, beg. 1089, Nordwestansicht

schiff besitzt Pseudoemporen, d. h. Emporen ohne Fußboden, und einen kleinen Obergaden. Ebenso prachtvoll ist die Fassade mit ihren fünf übereinander liegenden Bogenstellungen, die dem Bau alle Monumentalität nehmen und vielfach nachgeahmt wurden.

Eine Ausnahme in Italien bildet die Kirche des 1118 gegründeten Benediktinerklosters Sant' Antimo, an deren dreischiffiges Langhaus ein gratgewölbter Chorumgang mit Kapellen anschließt. Dem einfachen, kaum gegliederten Außenbau entspricht ein Innenraum nach französischem Vorbild.

Zwischen 1041 und 1063 eroberten die Normannen Apulien und Kalabrien, vertrieben den byzantinischen Statthalter und gründeten zunächst ein Herzogtum. Der Initialbau der Gruppe normannischer Kirchen in Apulien ist San Nicola in Bari, der in die Ruinen des byzantinischen Katapanspalastes hineingebaut wurde und große Teile davon weiter benutzte. So entstand eine flach gedeckte Emporenbasilika, wie sie auch Norditalien rezipiert hatte. Wohl wegen der wieder verwendeten Teile besaß sie keinen rhythmisierenden Stützenwechsel, sondern Doppelsäulen in der Arkadenzone. Die Zierelemente des Außenbaus verweisen auf lombardische Vorbilder.

Bis 1091 gelangte auch Sizilien unter normannische Herrschaft. Die 827–78 eingedrungenen Araber wurden verdrängt, und die Normannen besaßen nun ein zweites Territorium in Italien, das 1130 Teil des von Roger II. begründeten Königreichs Neapel-Sizilien wurde. Die erst kurz zuvor christianisierten Normannen tolerierten die Kultur ihrer Vorgänger auch hier, und es entstand eine Sakralarchitektur, an der deutlich islamische und byzantinische Einflüsse spürbar sind. Eines der Hauptwerke dieser Architektur ist die Palastkapelle Rogers II. (1130–43) in Palermo, eine dreischiffige Querhausbasilika mit Dreiapsidenschluss, deren Bögen und Stalaktitendecke islamischer Herkunft sind, während die kostbaren Mosaiken ein byzantinisches Erbe sind. Sie wurde zum Vorbild für die Kirchenbauten Palermos im 12. Jahrhundert, besonders aber für die Kathedrale von Monreale, die jedoch eine Flachdecke besitzt. Zu seiner Grablege bestimmte Roger Cefalù, wo er ab 1131 eine Kathedrale erbauen ließ. Der mächtige dreiteilige Chor, das steile Querhaus und die Westtürme zeigen auch im Aufriss (Laufgang am Obergaden, Wölbungsabsicht) deutlich normannische Züge. Bis 1148 entstanden die kostbaren Mosaike. Das geplante hohe Langhaus blieb unausgeführt, statt dessen entstand unter König Wilhelm I. eine sehr schlichte Säulenbasilika.

Monreale (Sizilien), Kathedrale, 1174–89, Chorpartie von Südosten

FOLGENDE DOPPELSEITE **Mailand, Sant' Ambrogio,** 9.–12. Jh., Atrium und Westansicht (links), Innenansicht nach Osten (rechts)

Sant' Ambrogio ging aus einer Basilika des 4. Jahrhunderts für die Märtyrer Protasius und Gervasius hervor, in welcher der hl. Ambrosius beigesetzt wurde. Durch stetige Umbauten und Erweiterungen wurde sie zwischen dem 9. und 12. Jahrhundert zu einer der größten und bedeutendsten Kirchen; sie verband die Formen der lombardischen Schule mit Motiven von Alt-St.-Peter.

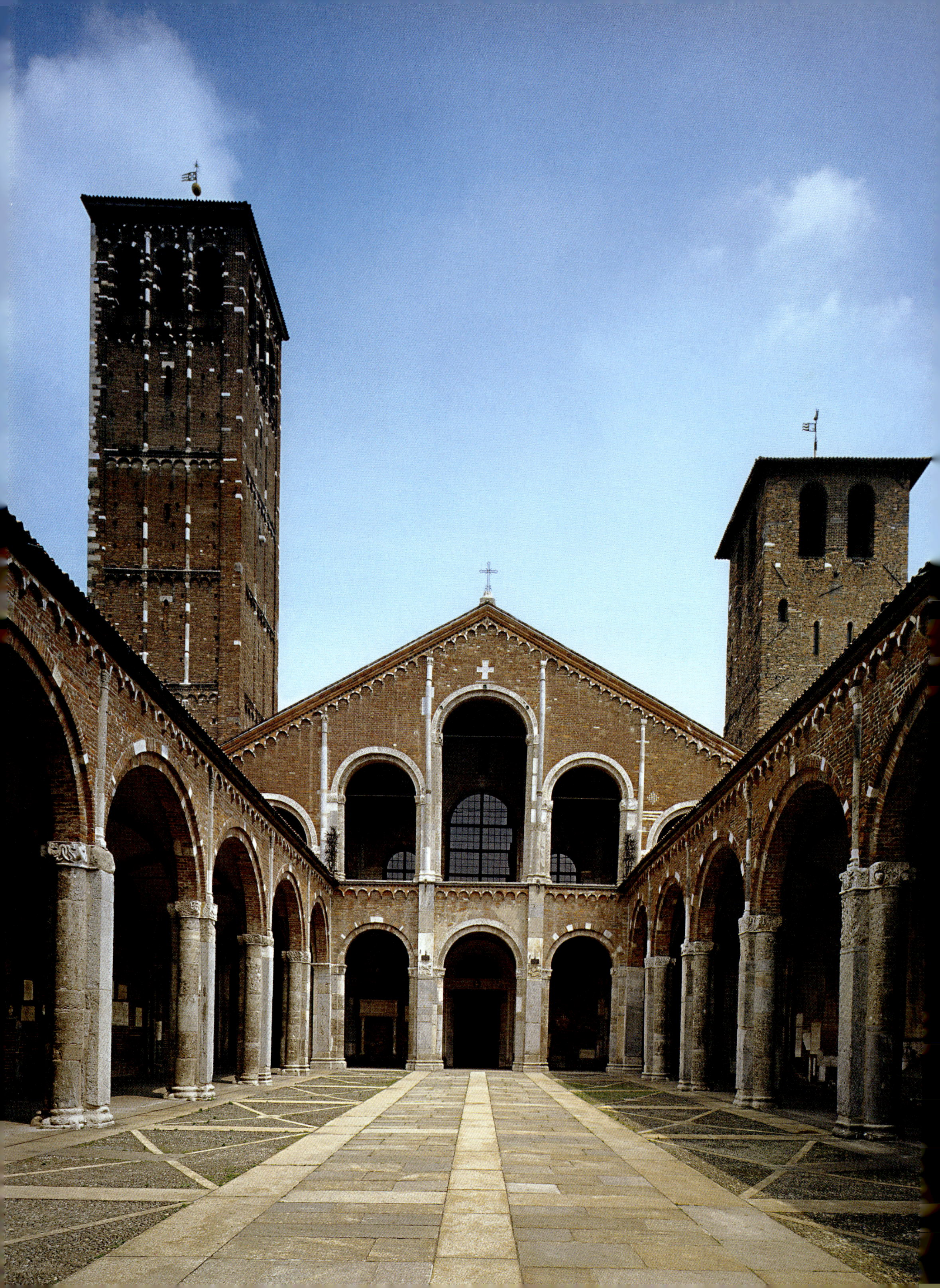

Sakralarchitektur in Italien

Frühmittelalter und Romanik

Sakralarchitektur in Italien

Verona, San Zeno Maggiore, 12. Jh., Westfassade und Innenansicht nach Osten

Die dreischiffige, querhauslose Basilika wird im Osten durch drei Apsiden geschlossen. Starke Pfeiler mit Vorlagen (für ein Gewölbe?) alternieren mit Säulen; der Obergaden sitzt auffallend hoch. Die halb eingetiefte Krypta ist auf 1225 datiert; sie ist eine nachträgliche Zufügung.

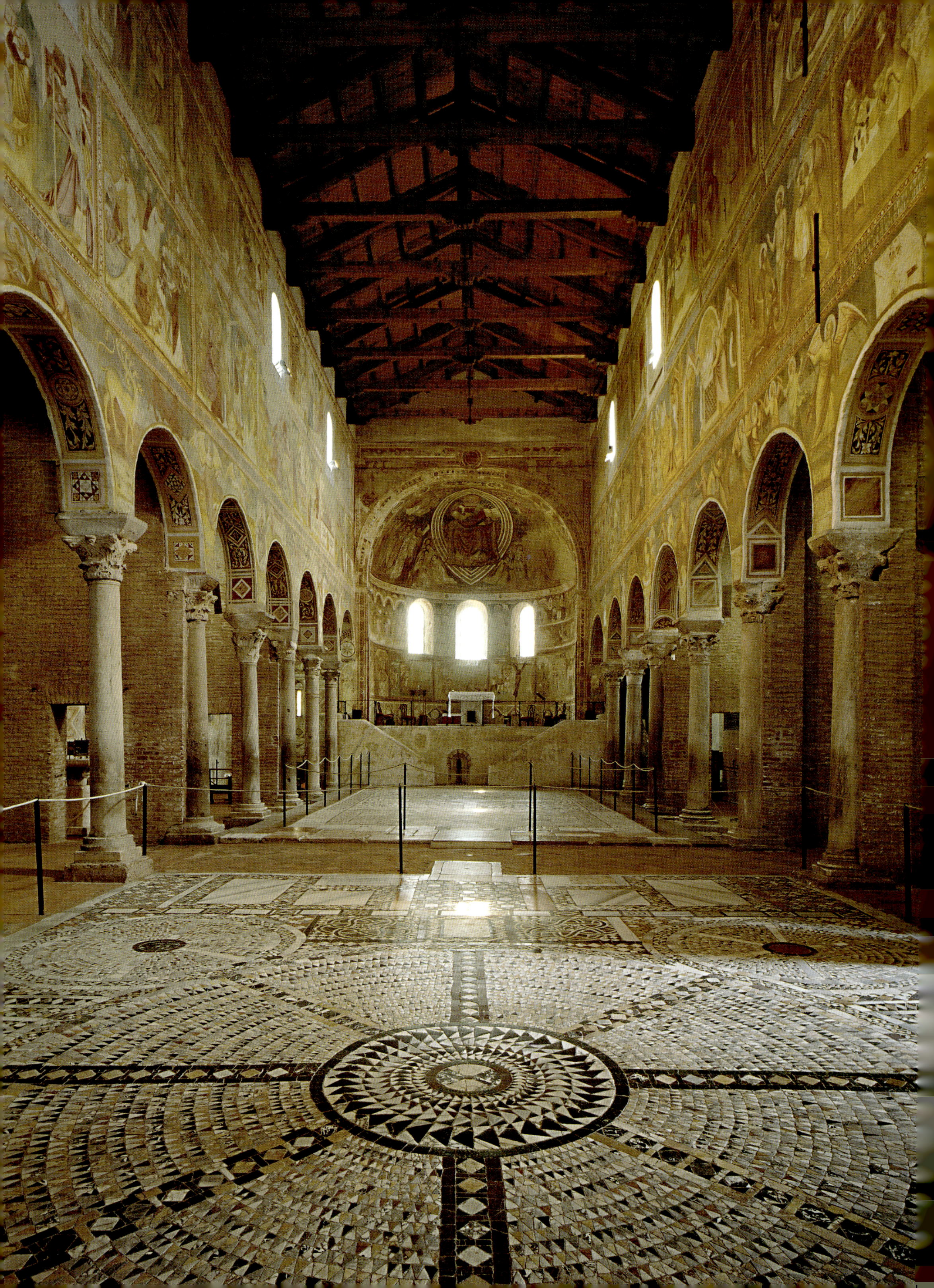

Sakralarchitektur in Italien

Pomposa, ehem. Klosterkirche Santa Maria, gew. 1036, Innenansicht nach Osten, Fassadendetail

Die Säulenbasilika Santa Maria mit ihrem reich dekorierten Marmorfußboden und dem offenen Dachstuhl ist, ebenso wie der schlanke Campanile, ein anmutiges Beispiel für den Stil der lombardischen Bauschule.

Frühmittelalter und Romanik

Sakralarchitektur in Italien

Venedig, San Marco, beg. 1063, Innenansicht des Chorraums und Außenansicht zum Markusplatz

Die Kirche des Apostels Markus in Venedig hat ihren Grund- und Aufriss von der Apostelkirche in Byzanz – gewiss ein Hinweis der Venezianer auf ihre geistige Offenheit und ihren politischen und wirtschaftlichen Einfluss. Dies erklärt auch die Sonderstellung dieser Kirche, die kaum Nachfolge fand.

Frühmittelalter und Romanik

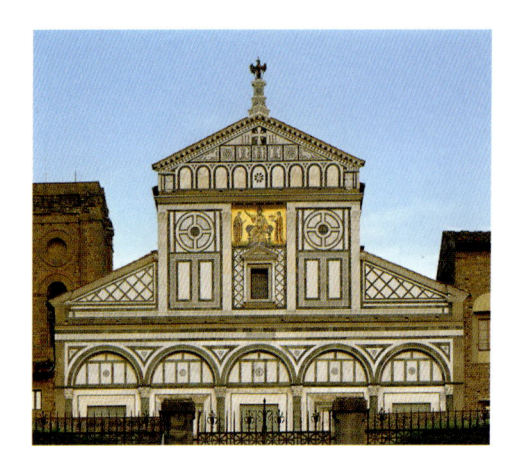

Florenz, San Miniato al Monte,
2. Hälfte 11. Jh., Detail der Westfassade
und Innenansicht nach Osten

Wie Santa Maria in Pomposa ist San Miniato
ein Beispiel dafür, dass sich Italien im
11. Jahrhundert nicht mit dem Thema
Struktur und Wölbung der Innenräume
befasste, sondern die schlichten und
anspruchslosen Räume aufwendig dekorierte. San Miniato ist außen und innen vollständig von einer Verkleidung aus grauem
und weißem Marmor in geometrischen Mustern überzogen. Sie wurde zum Ausgangspunkt einer langen lokalen Tradition.

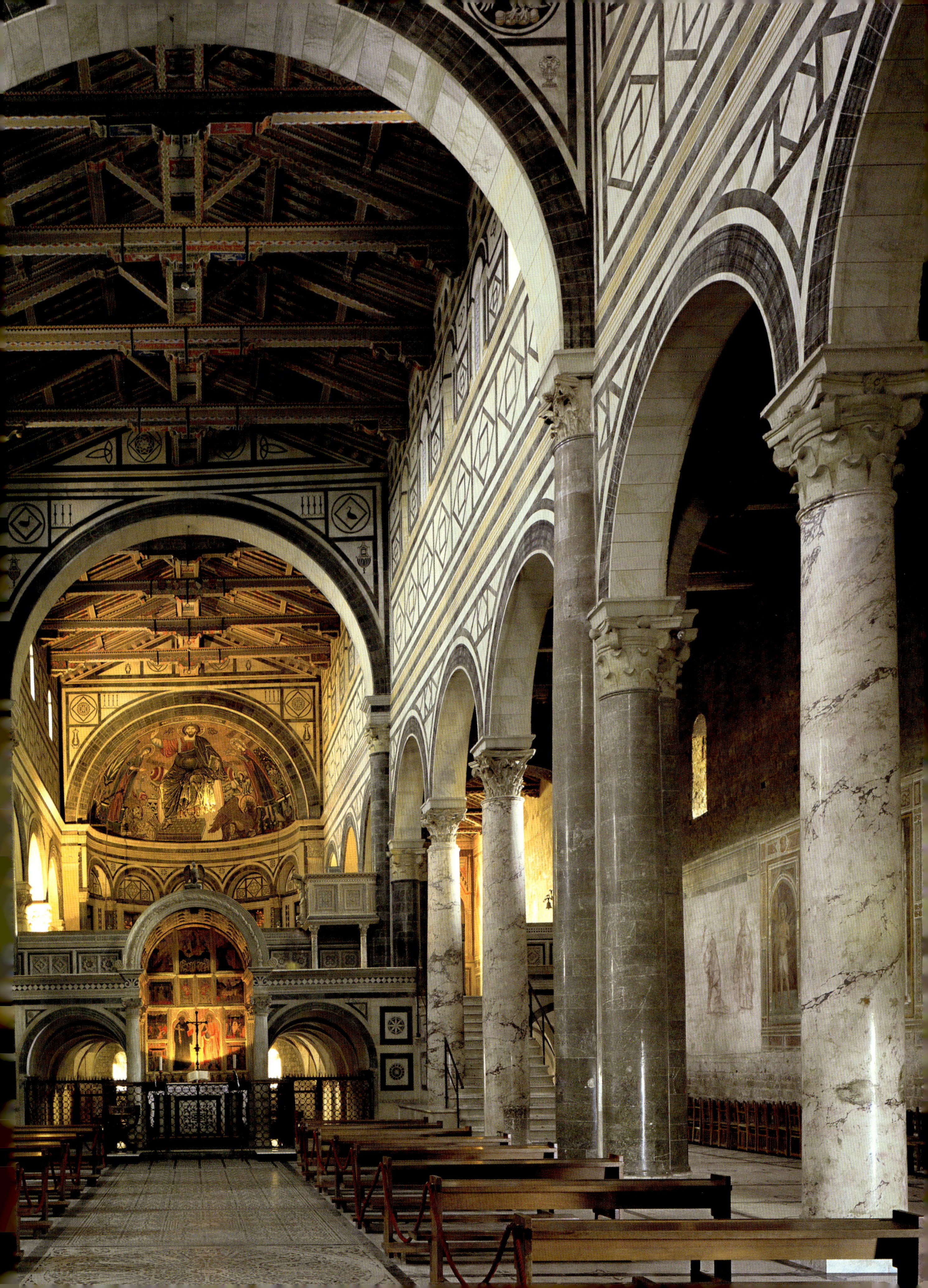

Frühmittelalter und Romanik

Pisa, Dom, 1063–1350, Baptisterium (links) und schiefer Turm

Es ist wohl kein Zufall, dass auch die zweite große Seemacht Italiens (die beiden anderen waren Venedig und Genua) just 1063 einen Domneubau begann. In Pisa handelt es sich um eine fünfschiffige Basilika mit Emporen und Flachdecke. Zu Beginn des 12. Jahrhunderts erweiterte man die Basilika nach Westen und errichtete in ihrer Längsachse ein neues Baptisterium.

Sakralarchitektur in Italien

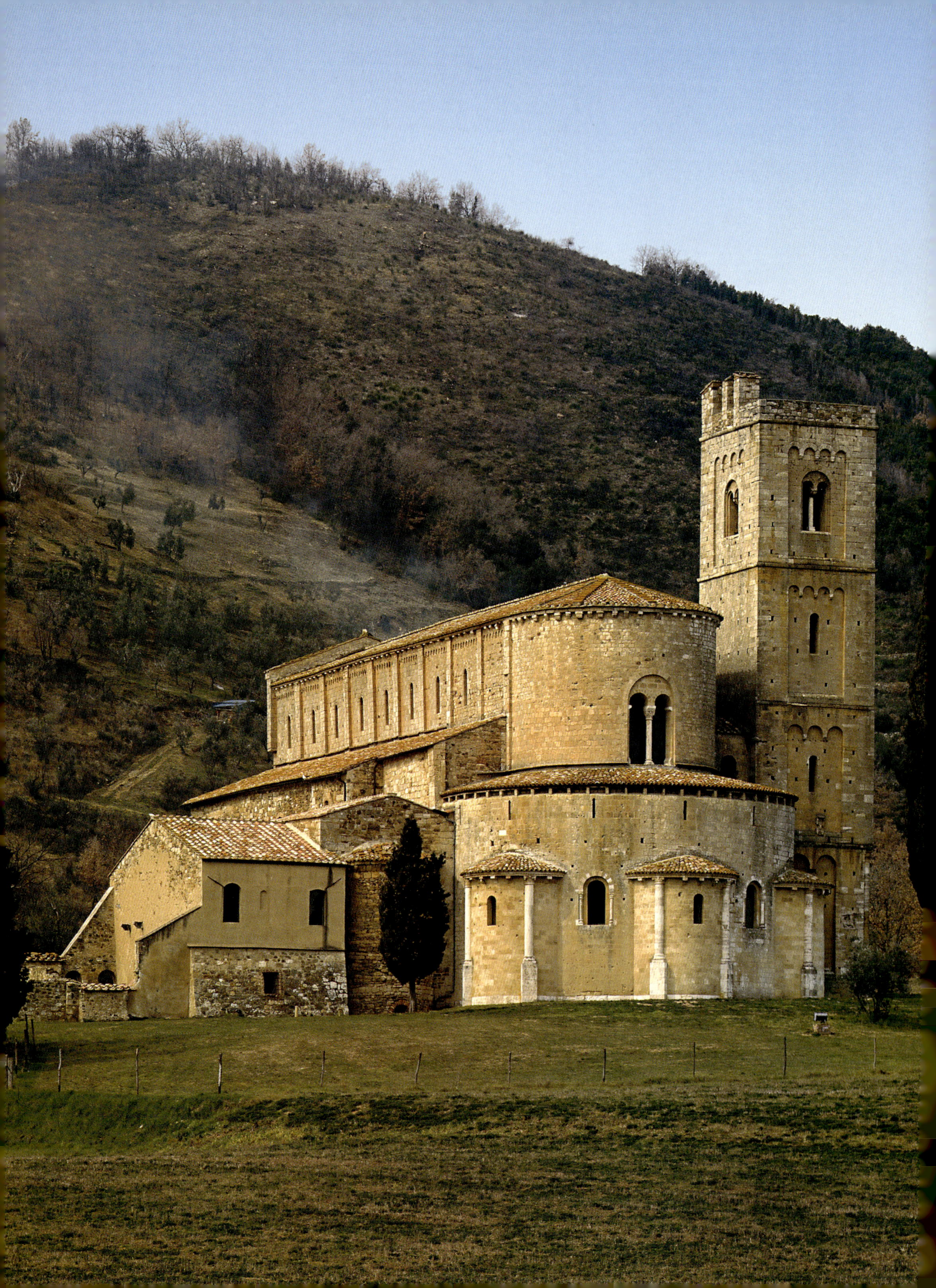

Sakralarchitektur in Italien

LINKE SEITE **Sant' Antimo, ehemalige Benediktinerabtei,** gegr. 1118

Sant' Antimo entstand als letztes großes Benediktinerkloster Italiens, bevor die Zisterzienser Einfluss gewannen und ihrerseits bedeutende Klöster errichteten. Die Bauplastik und die Gliederung im Innern des Chorumgangs erinnern an die burgundischen Kirchen der Cluniazenser, aber der Außenbau ist in seiner Schlichtheit italienisch-lombardisch.

Eremitei Fonte Avellana, gegr. 980

Im bergigen Hinterland der Marken gelegen, lässt das Kloster noch heute den einsiedlerischen Geist seines Gründers St. Romualdo erkennen. Petrus Damiani erweiterte das Kloster im 11. Jahrhundert und begründete seinen Ruhm. Den Kern der Anlage bilden die romanisch-gotische Kirche und der Kapitelsaal.

Trani, Kathedrale, beg. 1098

Sie ist ein Nachfolger von San Nicola in Bari, eine dreischiffige Emporenbasilika mit Flachdecke. Typisch für diese Gruppe sind die im Verhältnis zur Gesamthöhe hohen Seitenschiffe, die kaum Platz für den Obergaden lassen, und das gewaltige, kastenförmige Querhaus, aus dem die Apsiden ohne Vorjoch herauswachsen.

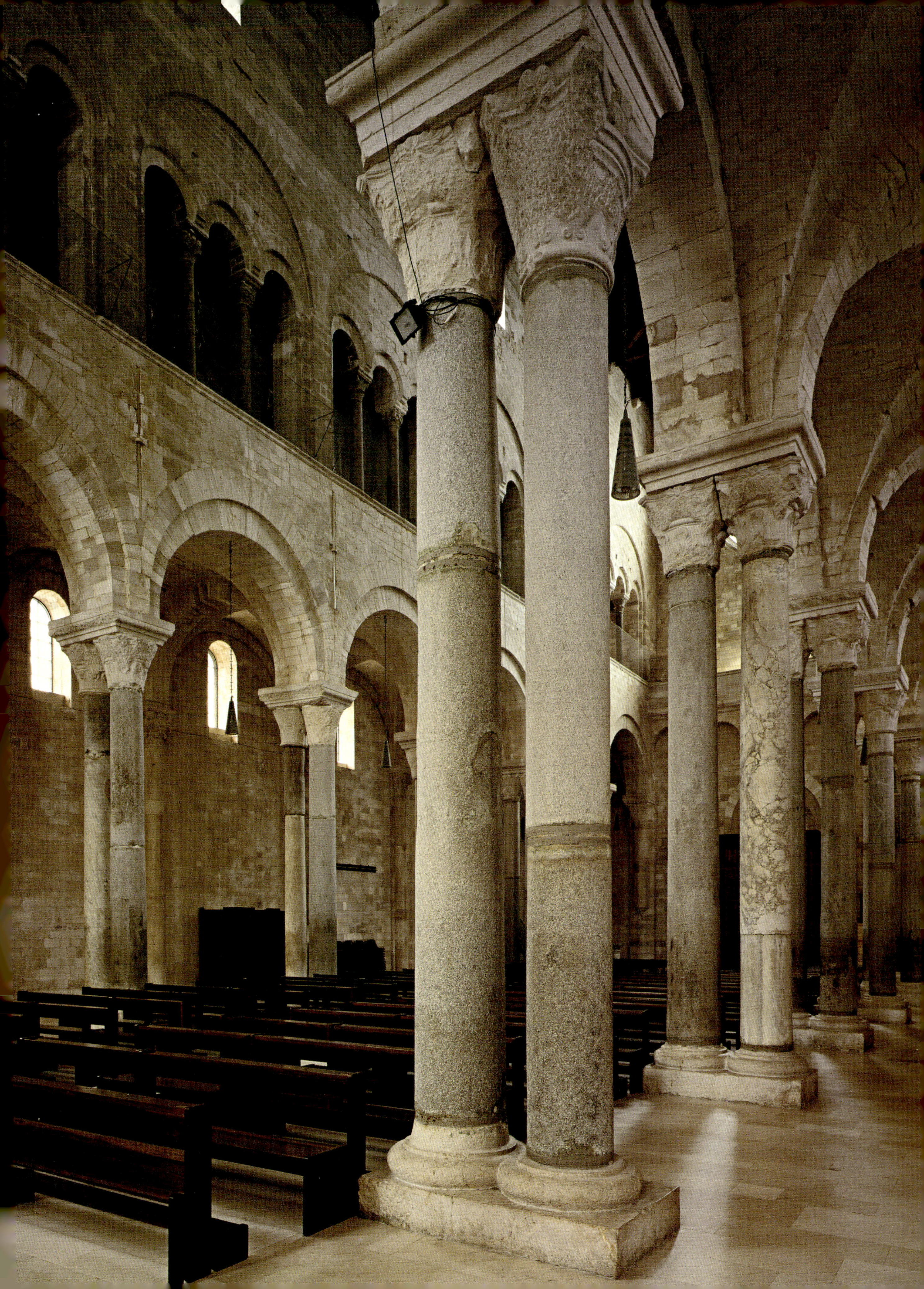

Frühmittelalter und Romanik

Sakralarchitektur in Italien

Cefalù, Kathedrale, beg. 1131

Der Normanne Roger II., der 1130 das Königreich Neapel-Sizilien gründete, begann die Kathedrale von Cefalù als Grablege. Der stattliche benediktinische Chor und das Querhaus tragen deutlich normannische Züge (Arkadenlaufgang am Obergaden, Wölbungsabsicht). Das Innere der Ostteile ist reich mit Mosaiken ausgestattet, die das Datum der Fertigstellung der Ostteile überliefern: 1148. Das geplante Langhaus blieb unausgeführt, statt dessen vollendete Wilhelm I. die Kathedrale durch ein niedriges basilikales Langhaus.

Frühmittelalter und Romanik

Sakralarchitektur in England

St. Albans (Hertfordshire), Kathedrale,
beg. um 1078, romanische Mittelschiffwand

1066 landete der Normannenherzog Wilhelm in Hastings an der Südküste von England. Der Teppich von Bayeux, eine über 70 Meter lange und ca. 50 Zentimeter hohe Stickerei, welche die »Schule von Canterbury«, ein bedeutendes Zentrum der Buchmalerei, wahrscheinlich für Wilhelms Halbbruder, Bischof Odo von Bayeux, schuf, schildert in Wort und Bild die Schlacht zwischen Normannen und Angelsachsen, die der Eroberung und Neuordnung Englands durch die Normannen voranging. Alle wichtigen Stellen im Land wurden neu besetzt; kaum ein Gebäude aus angelsächsischer Zeit entging der Erneuerung durch die Normannen, denn Goscelin de Saint-Bertin empfahl, wer etwas Besseres bauen wolle, der müsse zunächst abreißen.

Ein erster normannischer Großbau war indessen schon jene Kirche von Westminster Abbey, für welche Edward der Bekenner etwa 1045/50 den Auftrag gegeben hatte. Er selbst war im normannischen Exil auf dem Festland aufgewachsen und kannte die dortigen Klosterkirchen und Kathedralen. Anscheinend besaß die Kirche eine Doppelturmfassade, ein dreischiffiges, zwölfjochiges Langhaus mit Stützenwechsel, ein ausladendes Querhaus mit Vierungsturm und einen Staffelchor. Bischof von London war ab 1044 Robert Champart. Als Abt hatte er 1040 Notre-Dame in Jumièges konzipiert und begonnen, und so wird sich niemand wundern, dass auch Westminster eine Emporenbasilika war. Gewiss sollte auch sie eine Mittelschifftonne haben. 1065 wurde sie geweiht. Dieses Modell aus der Normandie blieb vom ersten steinernen Großbau nach der Eroberung, der Kirche von Battle Abbey (gew. 1094), bis hin zum frühgotischen Neubau der Kathedrale von Canterbury für die Großbauten der Insel relevant. Zwar wechselten Chorumgang mit Kapellenkranz und Staffelchor von Fall zu Fall, doch der Aufriss setzte sich immer aus Arkaden, belichteten Emporen und Obergaden mit Laufgang zusammen. Das war insofern nicht ungewöhnlich, als Wilhelm Abts- und Bischofssitze ausschließlich mit seinen normannischen Gefolgsleuten besetzte.

Der Italiener Lanfranco, der ab 1063 das Kloster Saint-Étienne in Caen geleitet und wahrscheinlich die dortige Kirche konzipiert hatte, wurde 1070 als Erzbischof nach Canterbury berufen. Unmittelbar nach seiner Ernennung ließ er die dortige Kathedrale beginnen, auf welche er die Gestalt von Caen übertrug. An eine steinerne Wölbung war nach dem Scheitern in Saint-Étienne wohl nicht mehr gedacht. Stattdessen begnügte man sich vielleicht mit einem hölzernen Ersatz. Gleichzeitig mit Lanfranco war Abt Scotland vom Mont-Saint-Michel als Abt an die Peter-und-Pauls-Abtei (ehem. St. Augustin's Abbey) in Canterbury berufen worden. Auch er begann – in Konkurrenz zur Kathedrale – bis 1073 einen bedeutenden Neubau, eine dreischiffige Pfeilerbasilika mit Querhaus, Umgangschor (wie

Sakralarchitektur in England

Mont-Saint-Michel) und Doppelturmfassade. Die romanische Kathedrale von Lincoln errichtete Bischof Remigius, zuvor Almoseniar im Kloster Fécamp, ab 1073/74. Wie viele Kathedralen dieser Zeit überstand sie die Gotik nicht. St. Alban's, seit 1877 Kathedrale, ist das Werk des Mönchs Paul, der 1077 Abt wurde und ebenfalls aus Saint-Étienne in Caen kam. St. Alban's ist der älteste, wenigstens in Teilen erhaltene Bau, eine mächtige Basilika von gut 125 Meter Länge mit ausladendem Querhaus und einst siebenteiligem Staffelchor. Die Reihe kontinentaler Äbte und Bischöfe und ihrer normannischen Kirchenbauten lässt sich mit Bischof Walkelin von

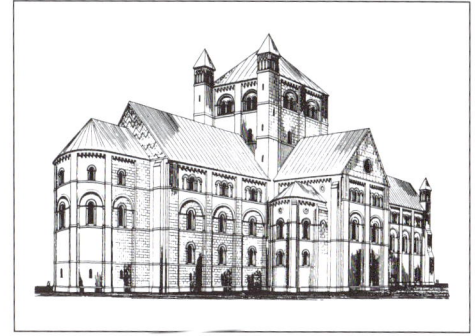

York, Kathedrale, beg. um 1079(?), Thomas-von-Bayeux-Bau, Rekonstruktion (Nordostansicht)

Winchester, Kathedrale, nördlicher Querarm

Durham, Kathedrale, beg. 1093, Mittelschiffwand

Frühmittelalter und Romanik

Rouen fortsetzen, der von 1079 bis 1120 die Kathedrale von Winchester a fundamentis neu erbauen ließ. Erstmals auf der Insel zeigt Winchester ein dreischiffiges Querhaus, und der Aufriss des Langhauses ist dahin übertragen (vgl. Pilgerkirchen). Die Mauerstärke im Chor sowie die Vorlagen und der Stützenwechsel weisen auf eine Tonnenplanung im Chor hin. Das erhaltene Querhaus der Kathedrale von Hereford (Ostteile um 1080–1110) weicht vom bisherigen Schema ab, indem der Aufriss nun aus Blendarkade, Laufgangtriforium und Obergaden mit Laufgang besteht. Eine Tonnenwölbung gelang auch hier nicht. Der nächste Schritt in diese Richtung lässt sich an den Kathedralen von Worcester (beg. 1084) und Gloucester (beg. 1089) bzw. an den vollständig erhaltenen Kirchen der beiden abhängigen Priorate Tewkesbury und Pershore erkennen. Über Arkaden und tonnengewölbten Emporen lag im Chor der Kathedrale von Worcester ein Laufgangtriforium mit winzigen Fenstern unter einer Steintonne. Im Langhaus fehlen die Emporen, und die Gotik fügte einen Obergaden und ein Rippengewölbe hinzu. Dieser Aufriss bekam für die Frühgotik große Bedeutung.

Eine steinerne Wölbung über Arkaden und Emporen war auch in der etwa 1078 begonnenen St. John's Chapel im White Tower über schmalem Mittelschiff gelungen. Alle anderen Wölbungsprojekte scheiterten bis zur Erfindung des Rippengewölbes um 1120. Die Außenbauten bereicherten sich indessen um Blendarkaden in mehreren Registern, welche die Fassaden buchstäblich überzogen. Zu nennen sind in diesem Zusammenhang die Westteile der Kathedrale von Ely, die Westfassade von Castle Acre und der Westbau der Kathedrale von Durham.

Nach dem Baufieber, das die Insel mit Großbauten bedeckt hatte, bestand seit dem zweiten Viertel des 12. Jahrhunderts eigentlich kein weiterer Bedarf mehr. Große Anlagen errichteten in dieser Zeit nur noch die Zisterzienser, die ab etwa 1120 den Kanal überquert hatten. 1160 existierten bereits 51 Zisterzienserabteien. Die Mehrzahl der Kirchen ist nur als Ruine erhalten. Überwiegend folgten sie in Grund- und Aufriss den Vorbildern der burgundischen Musterklöster, waren aber selten steinern gewölbt. Beispiele sind Fountains Abbey (gegr. 1135) und Rievaulx Abbey – diese Letztere mit ihrem Emporenaufriss und dem Laufgang vor dem Obergaden eher dem Vorbild der Kathedralen verpflichtet.

Die englische Spätromanik hat neben den zisterziensischen Kirchen auch einige bemerkenswerte kleinere Kirchen hervorgebracht. Zu nennen sind die Pfarrkirche von Kilpeck, die ehemalige Augustiner-Prioratskirche in Oxford und das Langhaus von Worksop Priory (Nottinghamshire). Musterbeispiele spätromanischer Ornamentfreude sind die Portale der Kirchen in Iffley und Patrixbourne.

Iffley (Oxfordshire), Pfarrkirche, Westfassade, letztes Drittel 12. Jh.

RECHTE SEITE **Patrixbourne (Kent), Pfarrkirche,** letztes Drittel 12. Jh.

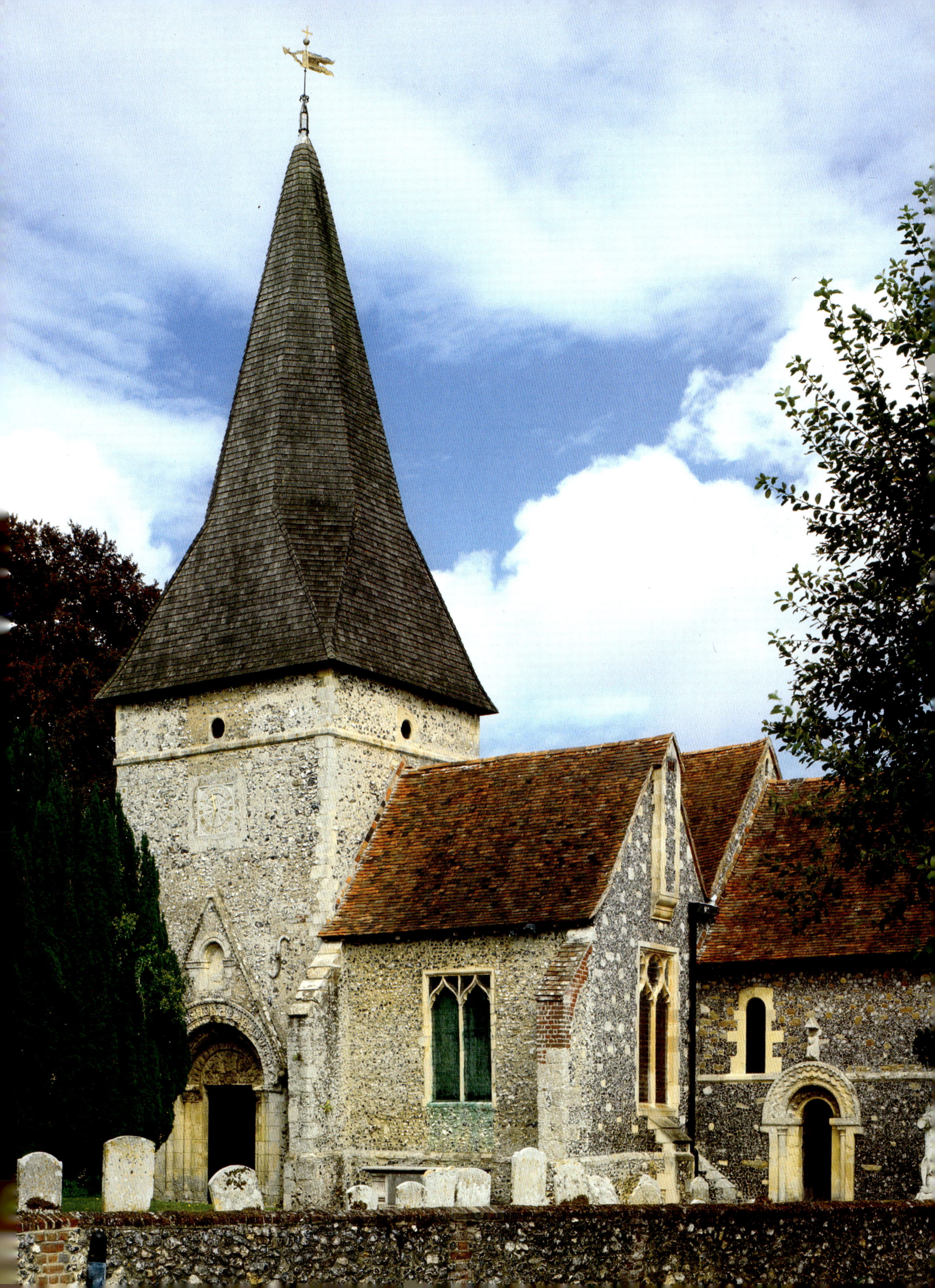

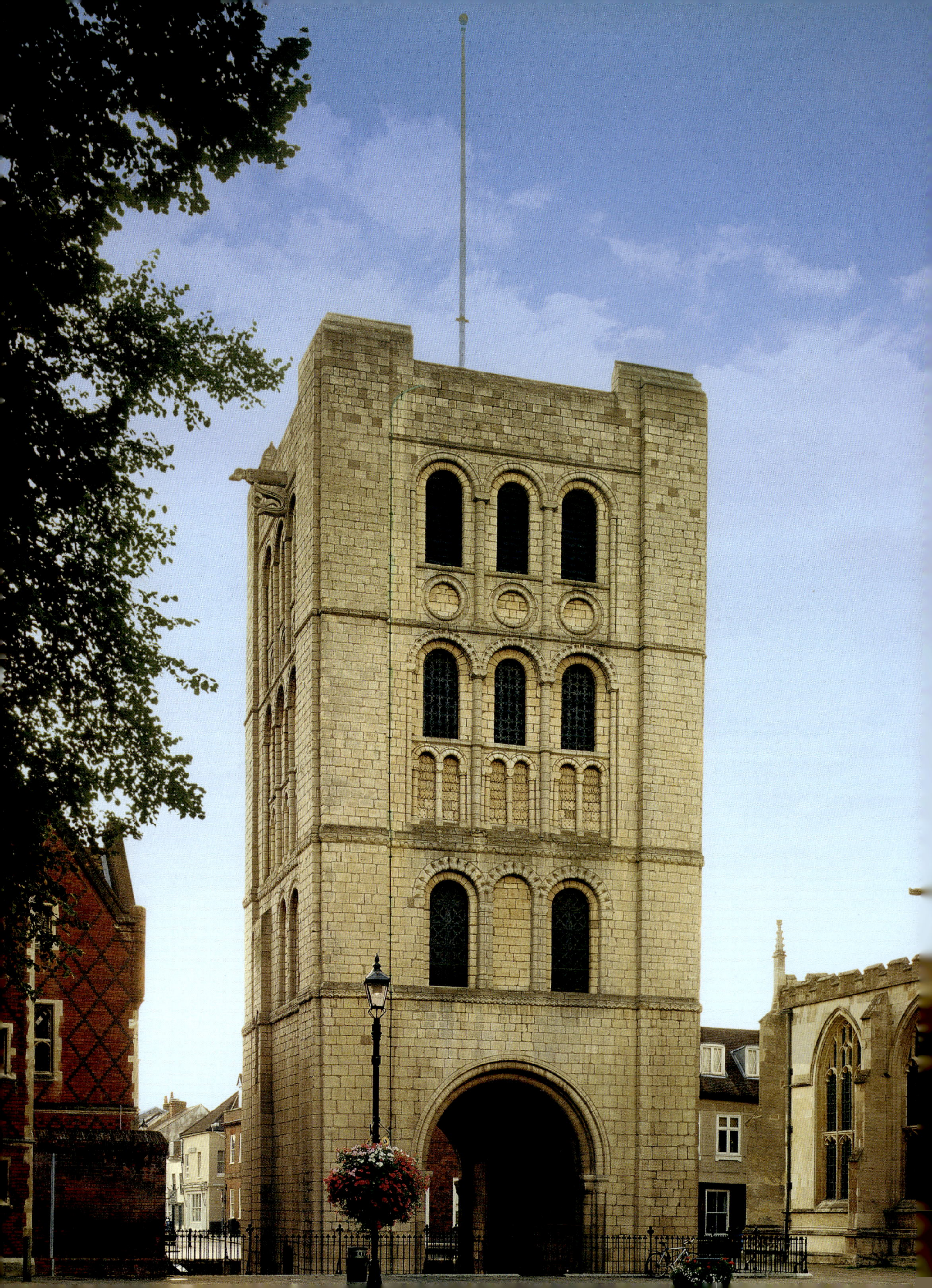

Sakralarchitektur in England

LINKE SEITE **Bury-St.-Edmunds, ehem. Abtei,** beg. 1081

Am Grab des hl. Edmund († 870) ließ Abt Baldwin aus Saint-Denis eine 154 Meter lange Kirche errichten, die als Ruine erhalten ist. Aufrecht steht nur noch der Turm über der Eingangshalle, der in mehreren Zonen Dreiergruppen von Fenstern und Biforen besitzt.

Castle Acre, ehem. Cluniazenserpriorat, beg. 1089

Auch hier ist nur eine Ruine erhalten. Einander überschneidende Rundbögen im Wechsel mit niedrigen Blendarkaden überziehen die Fassaden in vielen Registern. Auf figürlichen Schmuck wurde vollständig verzichtet.

Frühmittelalter und Romanik

Sakralarchitektur in England

Ely, Kathedrale, beg. nach 1081, Innenansicht nach Osten, Westfassade

Nach der Eroberung Englands durch Wilhelm entstanden überall neue Klosterkirchen und Kathedralen. Die meisten folgten dem Vorbild Saint-Étienne in Caen, so auch Ely. Die Westfront mit den Türmen jedoch zeigt, wie sich das Modell Bury-St-Edmunds weiterentwickelte und in welchem Maße Fenster und Nischen die massiven Mauern durchbrachen.

FOLGENDE DOPPELSEITE **Norwich, Kathedrale,** beg. 1096, Außenansicht mit Vierungsturm, Innenansicht

Dieser Bau ist ein weiteres Beispiel für die Einheitlichkeit normannischen Bauens in England. Das Langhaus von Norwich allerdings, ursprünglich wohl flach gedeckt, erhielt im 14. Jahrhundert ein Fächergewölbe, das in krassem Gegensatz zu den ruhigen Formen der Mittelschiffwände steht.

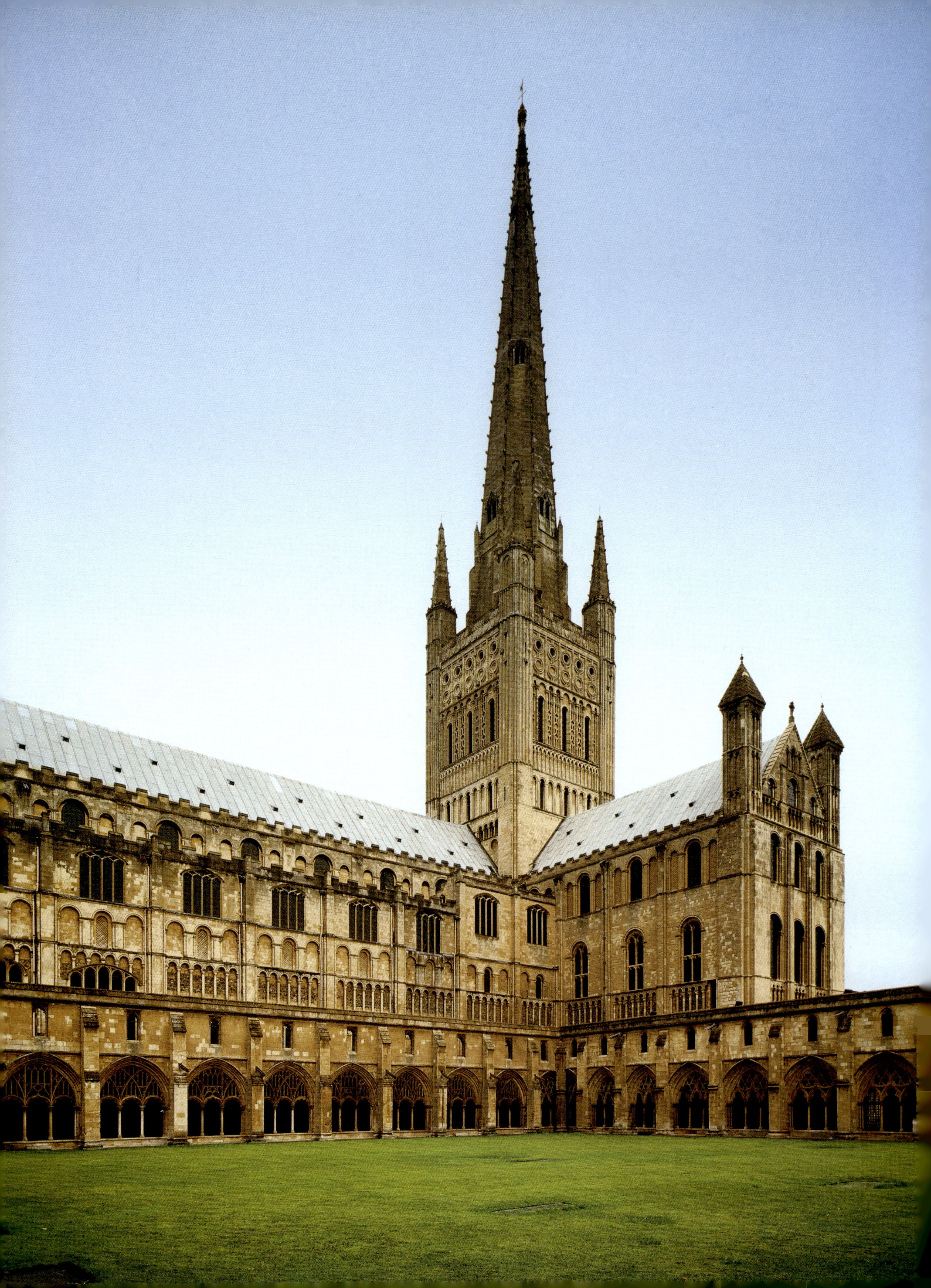

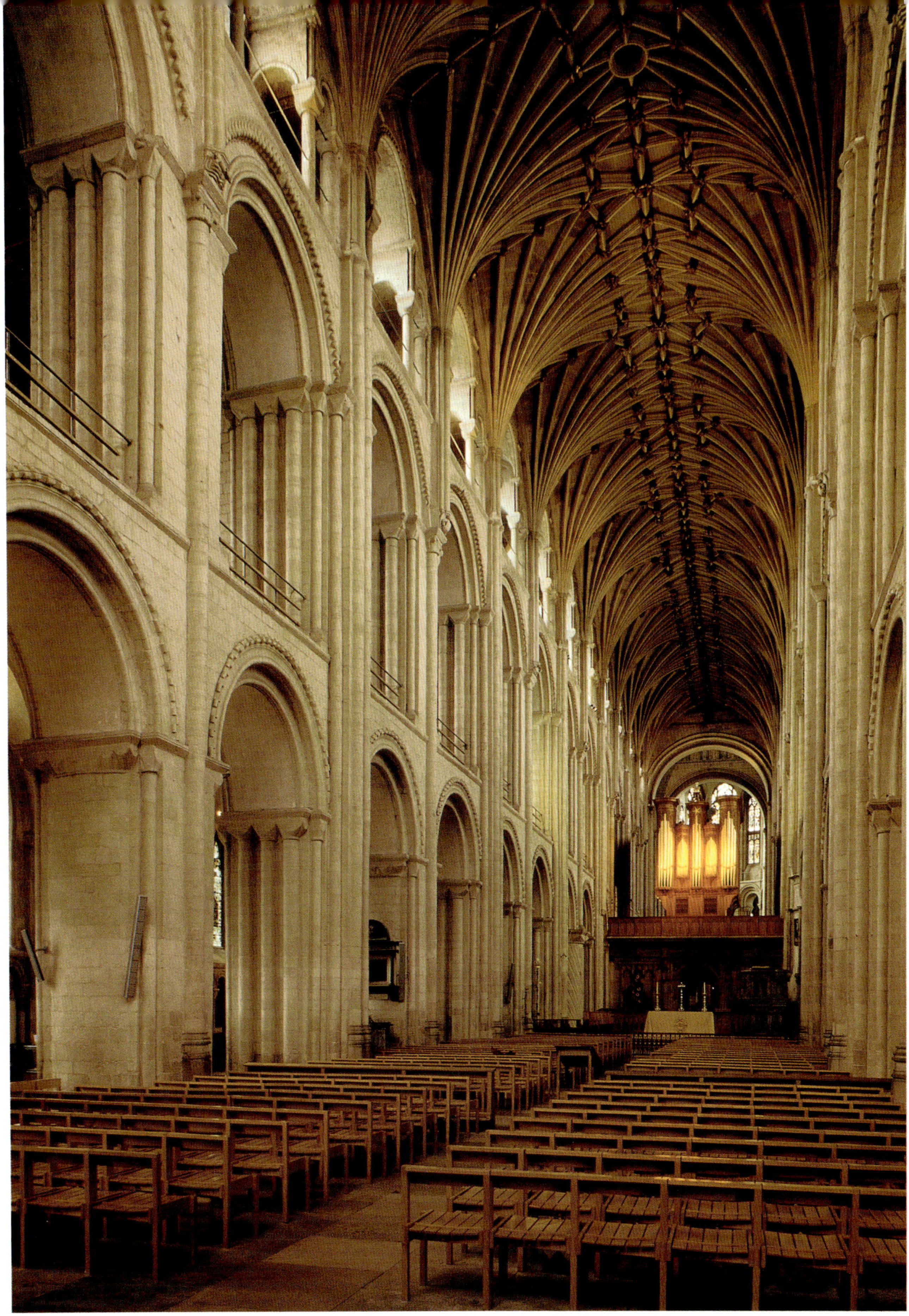

Frühmittelalter und Romanik

Rievaulx Abbey, ehem. Zisterzienserkloster, gegr. 1132

Seit den dreißiger Jahren des 12. Jahrhunderts erreichten die Zisterzienser auch die Insel und errichteten imponierende Klosterkirchen. Rievaulx Abbey besaß einen dreizonigen Aufriss nach dem Vorbild der Kathedralen und ein mächtiges Querhaus.

Sakralarchitektur in England

Frühmittelalter und Romanik

Sakralarchitektur in Spanien und Portugal

Tomar (Portugal), Templerkirche, spätes 12. Jh., Außenansicht des Rundbaus

RECHTE SEITE **Moreruela, Ruine der Zisterzienserkirche,** nach 1168, Innenansicht des Chors

Die Iberische Halbinsel war im ersten Jahrtausend von den Sarazenen (Mauren) erobert worden. Anfang des 11. Jahrhunderts gelang dem Grafen von Barcelona allmählich die Vertreibung der Mauren aus Katalonien. Zusammen mit dem benachbarten Roussillon bildete es architekturgeschichtlich eine Einheit. Einer der bedeutendsten Auftraggeber war Oliva Cabreta von Bedalú und Cerdagna. Dieser war zunächst Abt von Saint-Michel-de-Cuxa im Roussillon, später von Santa Maria in Ripoll und ab 1018 Bischof von Vic. In Saint-Michel ließ er bis 1040 den bestehenden Bau des 10. Jahrhunderts um eine Doppelturmfront im Westen und einen gewölbten Chor erweitern, dessen Grundriss an Saint-Philbert-de-Granlieu und Tournus I erinnert, der also ein Vorläufer des Umgangschors war. Das dreischiffige Langhaus blieb wohl ungewölbt. In Ripoll erweiterte er die bestehende fünfschiffige Kirche des späten 9. Jahrhunderts um ein ausladendes Querhaus und erhöhte die Zahl der Ostapsiden von fünf auf sieben (vgl. Alt-St.-Peter). Daneben gab es bereits Wölbungsbauten, wie die Kirche von Saint-Martin-du-Canigou, die zweigeschossige Grablege der Grafen von Cerdagna, deren Gründung um 1000 erfolgte. Unter- und Obergeschoss bestehen jeweils aus drei tonnengewölbten Schiffen und gratgewölbten Ostteilen. Einen Obergaden gibt es nicht. Ganz offenbar wirkte Cluny II weit in den Süden. 1022 wurde die kleine Klosterkirche Sant Pere de Rodes geweiht, ebenfalls eine Stiftung von Oliva Cabreta, auch sie eine Pseudobasilika mit Tonnengewölben. Die Klosterkirche Sant Miguel de Fluviá (beg. 1046) ist ein Schwesterbau von Sant Pere.

Zwischen 1029 und 1040 entstand die Burgkirche Sant Vicenç in Cardona. Grund- und Aufriss sind ungewöhnlich konsequent gegliedert. Auf einen kurzen Narthex folgen ein dreischiffiges Langhaus mit extrem engen Seitenschiffen, ein ausladendes Querhaus, Vorchor und Apsiden. Sant Vicenç ist jedoch nun eine echte Basilika mit einer Tonne über Obergaden und Gratgewölben in den Seitenschiffen. Zeitlich wie typengeschichtlich entspricht dies der Stufe des später zum Narthex umgewandelten Langhausprojekts von Tournus. Ein Bau der Spätromanik in Katalonien ist die Kathedrale von La Seu d'Urgell, die ab 1175 im Bau war. Der Bautyp ist derselbe geblieben, nur Dekoration und Gliederung bereicherten sich.

Während der zweiten Hälfte des 8. Jahrhunderts gelangten die Reliquien des hl. Jakobus, des Apostels der armen Leute, nach Santiago de Compostela in Galicien. Doch erst um 1000 wurde der Weg dorthin für die Christen allmählich frei. In den folgenden Jahrzehnten etablierten sich die vier Pilgerstraßen durch Frankreich. Sie vereinigten sich in Puente la Reina. Von dort zogen die Pilger alle gemeinsam den langen Weg nach Westen, an dem die Stationen eng aufeinander folgten. Die romanische Kathedrale von

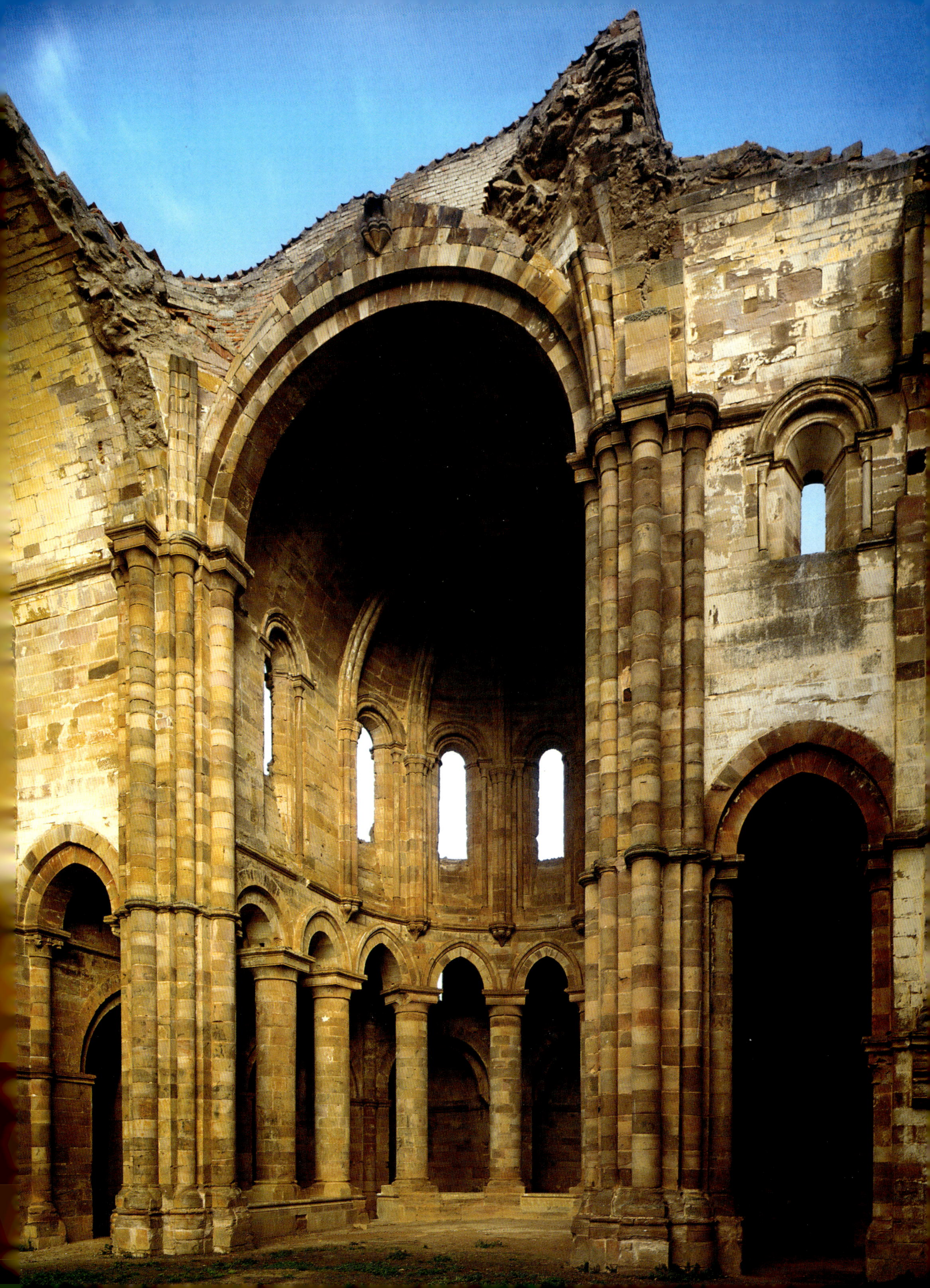

Frühmittelalter und Romanik

Sakralarchitektur in Spanien und Portugal

Burgos musste einem gotischen Neubau weichen, doch San Martín in Frómista ist erhalten und ein wunderschönes Beispiel für die Architektur am Pilgerweg, die sich an katalanischen Vorbildern orientierte. Die dreischiffige Pseudobasilika trägt im Mittelschiff eine Tonne über Quadratpfeilern mit Vorlagen und Viertelkreistonnen in den Seitenschiffen. Das hohe Querhaus lädt nicht aus und öffnet sich nach Osten in drei Apsiden. Es folgten am Weg San Lorenzo de Sahagún und San Isidoro in León, auch dies eine dreischiffige Pfeilerbasilika mit Tonnengewölbe, deren Mittelschiff wegen der späten Erbauungszeit (gew. 1149) durch einen großen Obergaden belichtet wird. Ältester Teil des heutigen Gebäudekomplexes von San Isidoro ist das westlich der Kirche gelegene sog. Panteón de los Reyes, das Grabmonument der Könige. Dieser Bau besticht durch seine Wand- und Deckenmalerei sowie durch seine qualitätvolle Kapitellplastik.

Das Gebiet zwischen Duero und Tajo war drei Jahrhunderte lang von Christen und Mauren hart umkämpft gewesen. Erst nach der Eroberung Toledos durch die spanische Krone im Jahr 1085 konnte es neu besiedelt werden. Allerdings vergingen noch Jahrzehnte, bis zwischen 1145/50 und 1160 drei große Sakralbauten in Angriff genommen wurden, welche die im europäischen Zusammenhang späte kastilische Romanik begründeten: die Alte Kathedrale von Salamanca (1145/50–1289), die Kathedrale von Zamora und die Kollegiatskirche Santa María la Mayor in Toro. Auch sie folgen noch immer dem Vorbild Cardona. Allerdings lag die Wölbungsphase in Salamanca und Zamora bereits in der Gotik; beide haben Rippengewölbe. Typisch für alle drei ist die mächtige Tambourkuppel über der Vierung, die über Pendentifs aufsteigt und über einem doppelten, in Zamora über einem einfachen Lichtgaden ein 16-teiliges Gewölbe trägt.

Zur Rückeroberung des Heiligen Landes und in Spanien auch zur Reconquista wurden ab dem frühen 12. Jahrhundert Ritterorden gegründet. Zwar waren sie durchaus französisch geprägt, aber ihre Organisation war wie ihre Architektur international. Die Templer errichteten ab etwa 1165/70 in Tomar eine der größten Ritterordenskirchen. Es handelt sich um einen Zentralbau aus einem 16-eckigen äußeren Ring mit Zinnen und einer zweizonigen oktogonalen Kapelle, die durch eine Ringtonne miteinander verbunden sind. Der innere Raum öffnet sich durch Arkaden auf den Umgang, darüber liegt ein steiles Fenstergeschoss. Vermutlich eine Kirche der Chorherren vom Heiligen Grab ist die Heilig-Kreuz-Kirche in Segovia (gew. 1208). Auch sie ist ein Rundbau mit äußeren Lisenen und einem Staffelchor im Osten. Die Heilig-Grab-Kirche in Torres del Río ist dagegen ein Oktogon mit zwei einander gegenüberliegenden Apsiden. Bemerkenswert sind auch hier die Kuppelgewölbe mit den einander in einem Sternmuster überschneidenden Rippen.

Zisterzienser waren auf der Iberischen Halbinsel ab etwa 1170/80 präsent. Ihre älteste Gründung ist das Kloster Moreruela, von dessen Kirche (beg. 1168) nur eine schöne Ruine erhalten ist. Offenbar stand sie dem frühgotischen Umgangschor von Pontigny nahe, der möglicherweise von Moreruela inspiriert ist. Chorhaupt, Lang- und Querhaus waren hier aber noch tonnengewölbt.

Die romanische Sakralarchitektur Portugals fügt sich im Wesentlichen in den spanischen Kontext ein. Sie sei hier mit einigen Beispielen benannt. Die Kathedralen von Coimbra, Evora und Lissabon, die Kirchen in Braga und Porto sind zwar erhalten, jedoch stark verändert und überrestauriert.

Cardona, San Vicenç, 1029–ca.1040, Blick in das sehr schmale Seitenschiff

LINKE SEITE **Torres del Río, Heilig-Grab-Kirche,** Ende 12./Anfang 13. Jh., Kuppel des Rundbaus

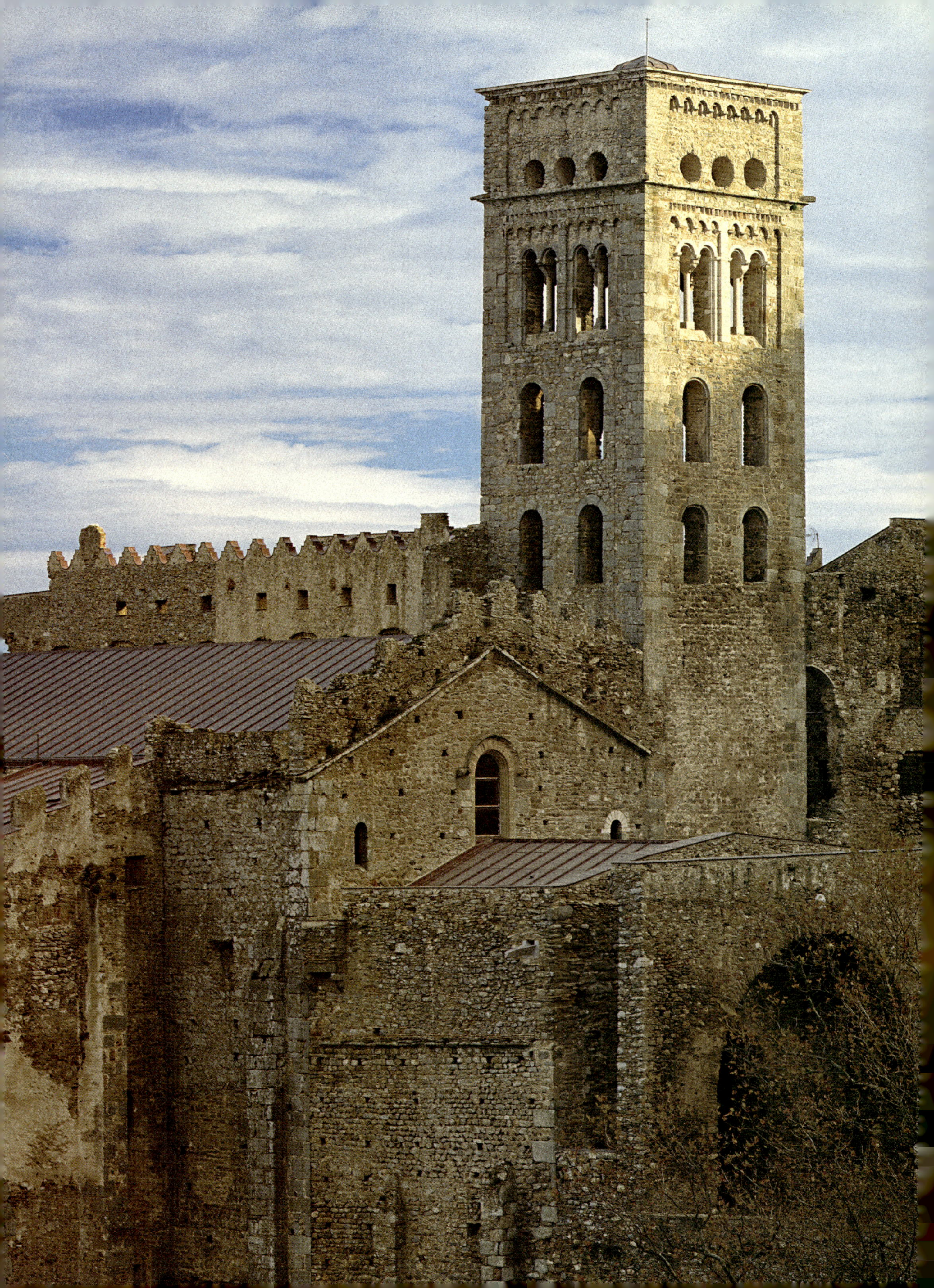

Sakralarchitektur in Spanien und Portugal

Sant Pere de Rodes, ehem. Benediktinerkloster, gew. 1022

Dieses ausgedehnte Kloster in den Bergen Kataloniens, hoch über dem Meer, erhielt bis 1022 eine kleine Kirche, die an eine ältere Vorhalle anschloss. Stifter war der weit gereiste und gebildete Graf Oliba Cabreta, Abt von Saint-Michel-de-Cuxa, später von Santa Maria in Ripoll, seit 1018 Bischof von Vic. Es handelte sich hierbei um eine der frühen Wölbungsbauten, eine Pseudobasilika mit Querhaus und einem einfachen Umgangschor.

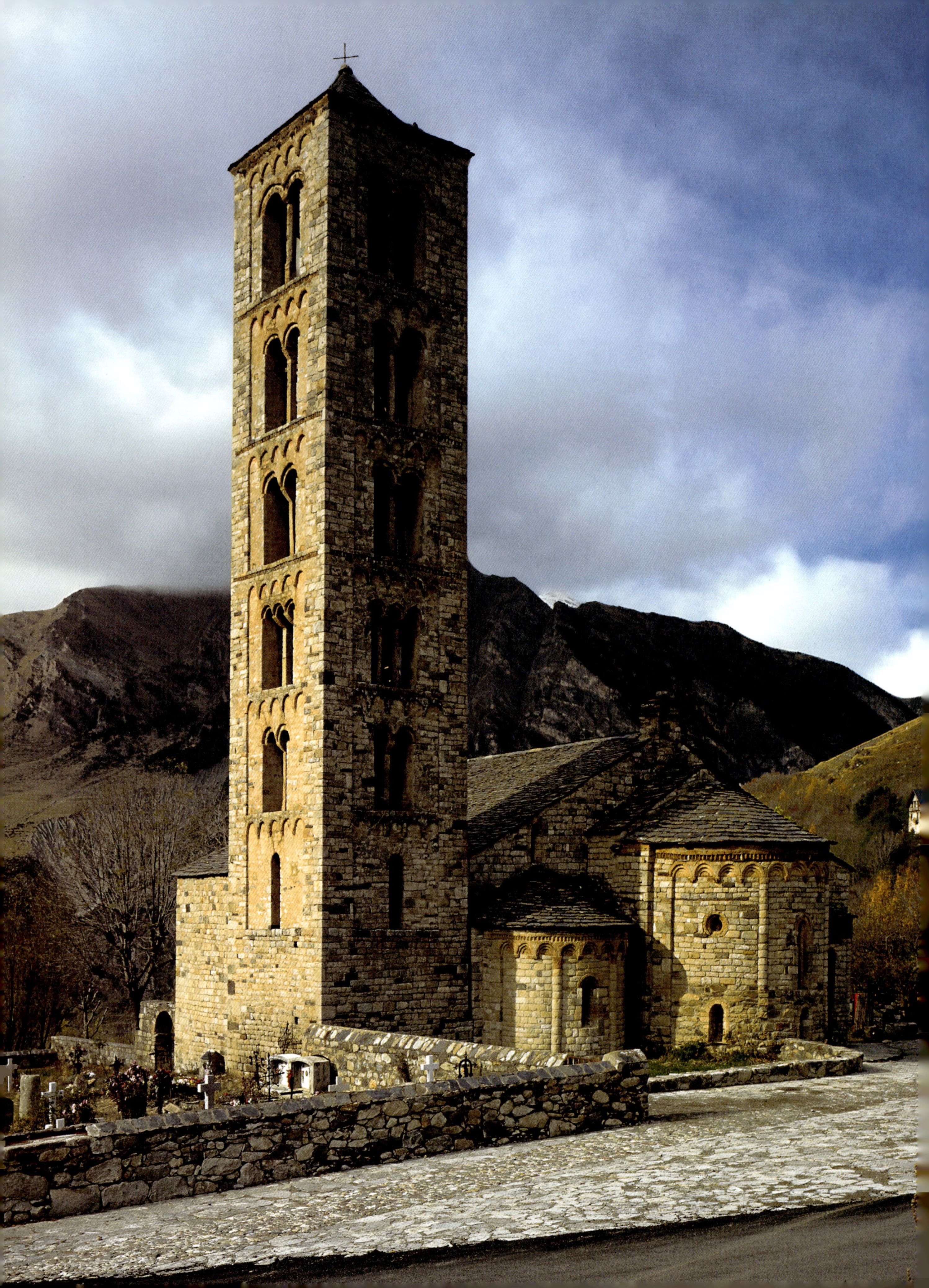

Sakralarchitektur in Spanien und Portugal

LINKE SEITE **Tahull, San Clemente,** gew. 1123

Die im Vergleich zu Sant Pere de Rodes ein Jahrhundert jüngere Kirche San Clemente ist nicht gewölbt. An das Langhaus mit schlichten Rundpfeilern schließt unmittelbar der dreiteilige Chor an. Mächtig und reich ist der Glockenturm an der Südseite.

La Seu d'Urgell, Kathedrale, ab 1175, Ansicht von Osten

Dieser Bau der Spätromanik zeigt, dass die Bautypen der Frühzeit durchaus beibehalten wurden und dass sich nur der Schmuckreichtum steigerte. Hier sind es tiefe gestufte Fensterlaibungen mit Säulchen und Archivolten sowie ein Arkadenumgang unter der Traufe der Apsis.

Frühmittelalter und Romanik

Cardona, Burgkirche San Vicenç, 1029–ca. 1040, Ansicht von Nordost, Langhauswand

Hier handelt es sich um einen für die Zeit ausgesprochen fortschrittlichen Wölbungsbau, eine Basilika mit Tonne über Obergaden, allerdings bei geringen Abmessungen. Unter dem Dreiapsidenchor befindet sich eine halb unterirdische Krypta.

Sakralarchitektur in Spanien und Portugal

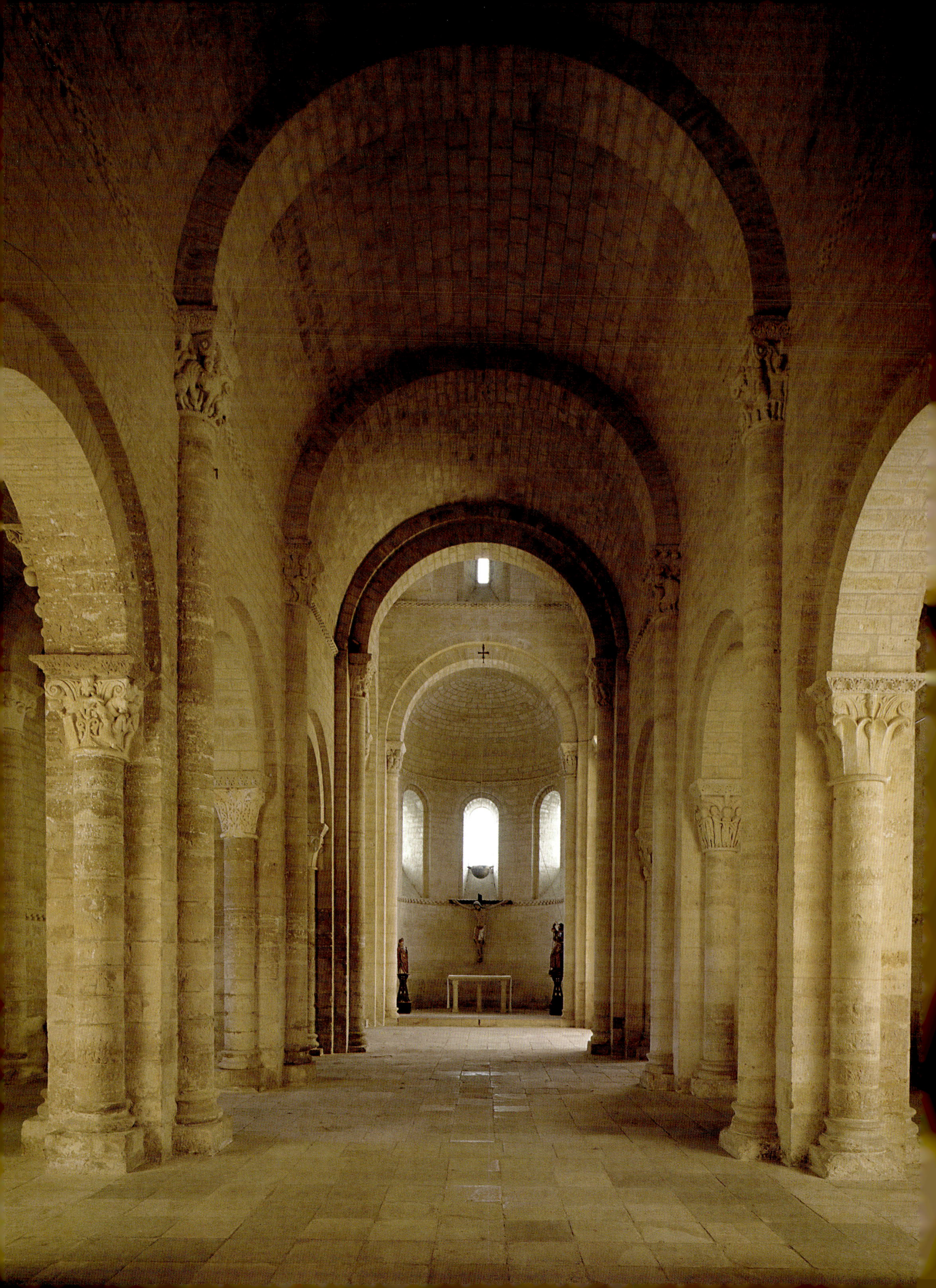

Sakralarchitektur in Spanien und Portugal

Frómista, San Martín, vor 1066(?)– nach 1100, Ansicht von Südwest (unten), Innenansicht nach Osten

Wie Sant Pere de Rodes ist San Martín eine Pseudobasilika mit Tonnenwölbung, jedoch mit einem dreiteiligen Chor kombiniert. Beachtenswert ist die Bauplastik an Kapitellen und Friesen sowie die sorgfältige Proportionierung und Ausführung aller Teile.

FOLGENDE DOPPELSEITE **Santo Domingo de Silos,** Kreuzgang, Ende 11./Anfang 12. Jh.

Der später kanonisierte Benediktinerprior Dominicus (um 1000–73) kam 1041 nach Silos und brachte das Kloster zu hoher Blüte. Nach seinem Tod entstand ein Kirchenumbau, der mit der Reliquientranslation 1088 vollendet war. Der Kreuzgang wird zeitlich mit dem Kirchenumbau in Verbindung gebracht.

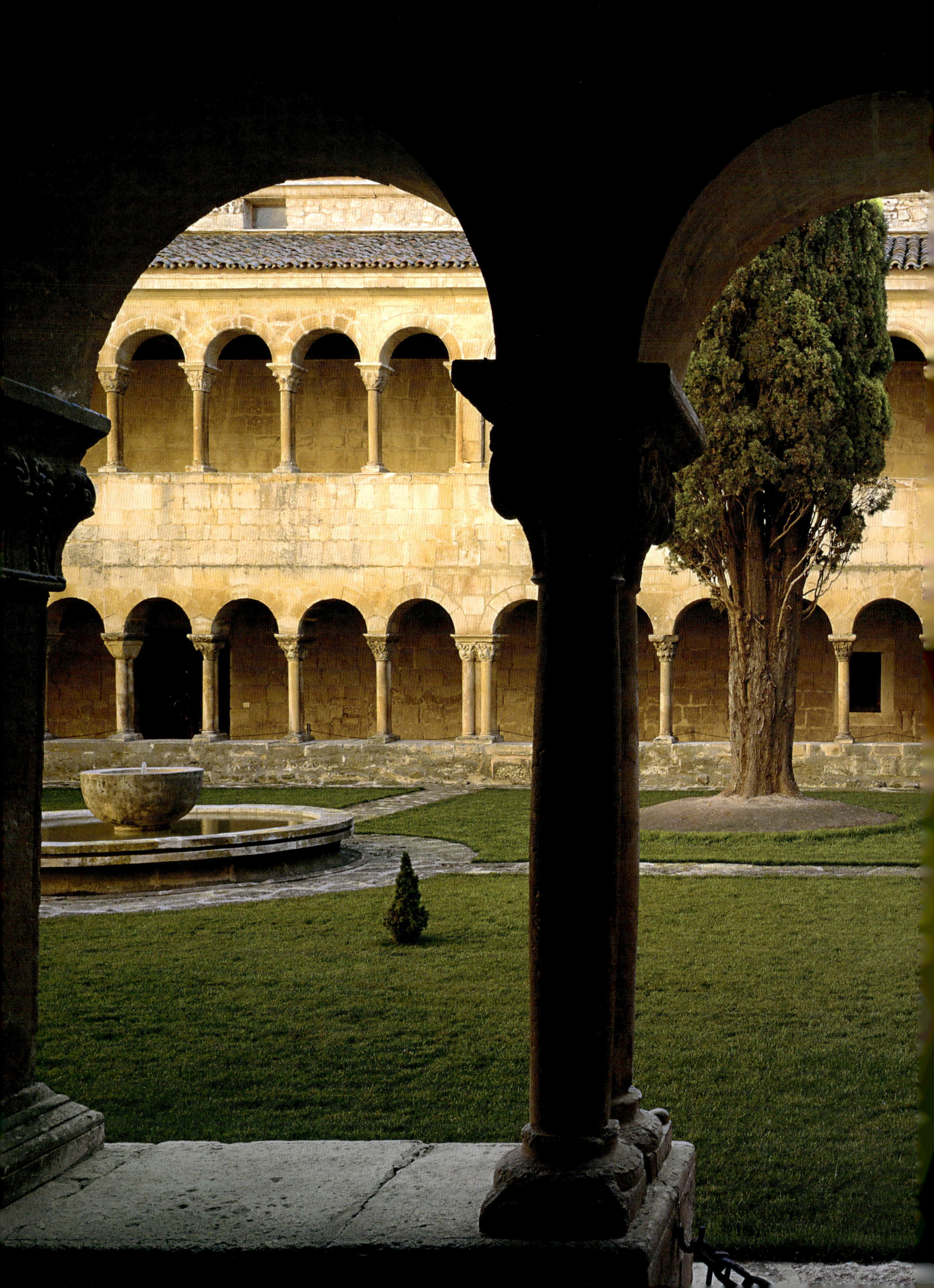

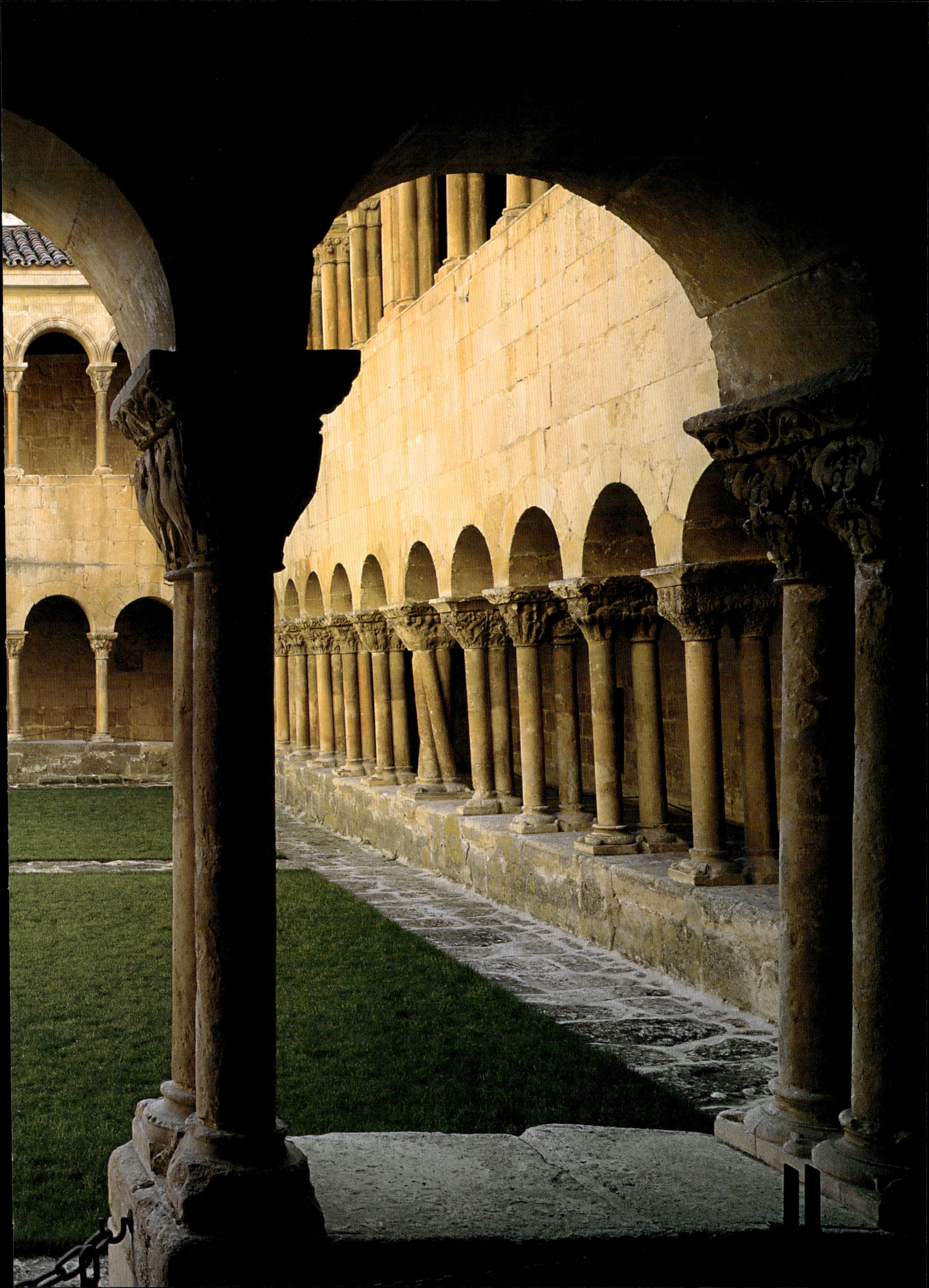

Frühmittelalter und Romanik

Sakralarchitektur in Spanien und Portugal

Zamora, Kathedrale, 1151–71, Blick in die
Vierungskuppel, Ansicht von Südwest

Frühmittelalter und Romanik

Sakralarchitektur in Skandinavien

Lund, Dom, ca. 1130/40, Westansicht

Skandinavien wurde erst sehr spät christianisiert: Dänemark ab dem 9. Jahrhundert, Norwegen bis etwa 1000 und Südwestfinnland sogar erst ab etwa 1150. Maßgebend für die skandinavischen Großbauten, von denen die frühesten 1100 entstanden, waren die Dome am Niederrhein und der normannisch-englische Sakralbau. Der Dom von Lund ist ein Nachfolger von Speyer, während die Vor Frue Kirke eine Burgkirche ist, ein kreuzförmiger Zentralbau mit fünf Türmen.

RECHTE SEITE **Kalundborg, Vor Frue Kirke,** 1170/90

Sakralarchitektur in Skandinavien

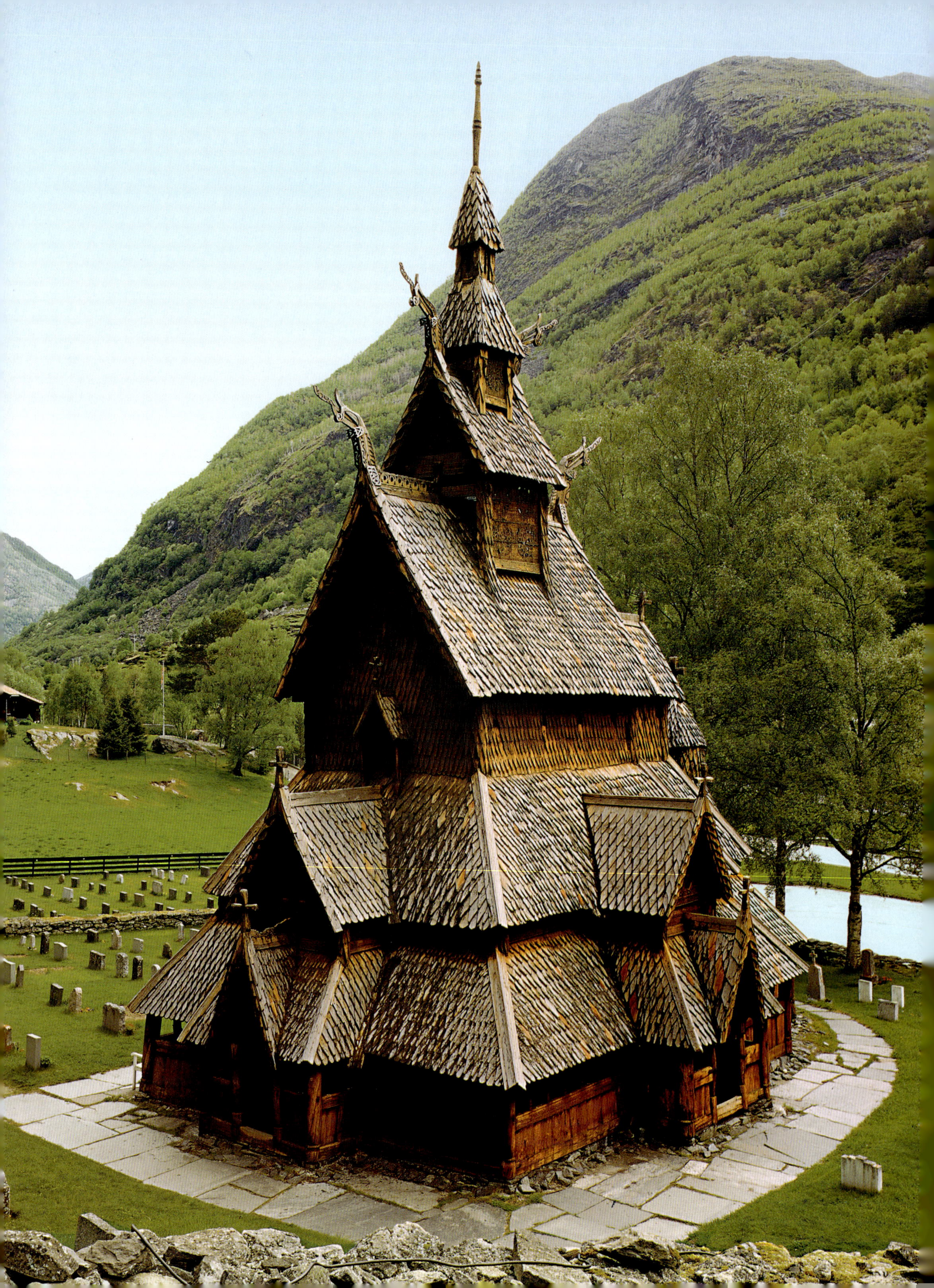

Sakralarchitektur in Skandinavien

Borgund, Stabkirche, um 1150

Von den einst mehreren hundert hölzernen Stabkirchen des 11. und 12. Jahrhunderts sind heute nur noch 25 erhalten. Eine der schönsten ist diejenige von Borgund, ein spätes Beispiel, das zeigt, dass auch hier die Entwicklung vom Einfachen zum Komplizierten hin verlief, dass die Proportionen sich verfeinerten und die Dekoration reicher wurde. Der innere Aufriss des Pfostenbaus orientierte sich an den Mittelschiffwänden des steinernen Sakralbaus, Portale und Giebel sind mit Schnitzereien und Runenschriften verziert.

Frühmittelalter und Romanik

Profanarchitektur der Romanik

Stadtanlagen und kommunale Bauten

Zeugnisse romanischer Profanarchitektur sind, im Vergleich zum Sakralbau, rar. Festungen wie Stadtpaläste und Wohnbauten waren ständigem Wandel unterworfen, sei es aus wehrtechnischen, sei es aus repräsentativen Bedürfnissen. Ein weiterer Grund für den geringen Denkmälerbestand liegt im Material: Ein Großteil der Gebäude bestand aus Holz, das den zahlreichen Feuersbrünsten reichlich Nahrung bot.

Ávila, Spanien, Mauerring um die Stadt mit 90 Türmen und neun Toren

Profanarchitektur der Romanik

Mailand, Palazzo della Ragione,
1. Hälfte 13. Jh.

Frühmittelalter und Romanik

London, White Tower, ab ca. 1078, Festung, Palast und Regierungssitz von Wilhelm dem Eroberer

Einen Eindruck von mittelalterlichen Stadtanlagen kann man dessen ungeachtet noch vielerorts gewinnen. Oft hat sich die Struktur der um Kathedrale und Bischofspalast, Burg und Handelsplatz gewachsenen Städte erhalten. Stadtmauern schützten vor feindlichen Übergriffen. Der wohl schönste und am besten erhaltene Mauerring romanischer Zeit findet sich im spanischen Ávila: Er erstreckt sich über 2,5 km und besitzt bei durchschnittlich 12 m Höhe 90 Türme und neun Tore.

Dass die Gefahr nicht nur von außen drohte, belegen ober- und mittelitalienische Geschlechtertürme, wie sie im toskanischen S. Gimignano noch heute in großer Zahl zu bestaunen sind. Der Adel, in ständigem Zwist mit rivalisierenden Familien oder Parteien, zog sich in diese bis zu 50 m hohen, nur schwer einnehmbaren Wohntürme zurück.

Trotz ständiger Nachbarschaftsfehden und schwerwiegender politischer Konflikte setzte zu Beginn des 12. Jahrhunderts ein ungeheurer Auf-

Profanarchitektur der Romanik

schwung der Städte ein. Kommunale Bauten wie Rathaus, Markthallen, Hospitäler entwickelten sich zu eigenständigen Bauaufgaben. Die Paläste der Patrizier begannen mit denen des Adels zu konkurrieren. In Italien entstanden die ältesten Kommunalpaläste bereits im 11. und 12. Jahrhundert; sie wurden broletti (brolo = abgeschlossener Bezirk) genannt.

Erhalten haben sich jedoch vorwiegend Monumente des 13. Jahrhunderts, so in Pavia, Viterbo und Orvieto oder in Mailand der Palazzo della Ragione. Ähnlich repräsentativ gaben sich bald auch die Stadthäuser des Adels: Im südfranzösischen St-Antonin wird der Palast der Familie Granolhet von einem mächtigen Turm flankiert, das Erdgeschoss öffnet sich in mächtigen Arkaden, im Hauptgeschoss erstreckt sich ein großzügiger Festsaal.

San Gimignano, Stadt

Der Konflikt zwischen Guelfen und Ghibellinen verursachte in Italien einen fast zweihundert Jahre dauernden Krieg der Adelsfamilien. Der Wohnturm, in Italien Geschlechterturm genannt, wurde notwendigerweise zum bevorzugten Adelssitz in den Städten. Im ständigen Hin und Her der Eroberungen, Zerstörungen und noch signifikanteren Wiederaufbauten prägten diese Gechlechtertürme das Bild der mittelalterlichen Städte Italiens. Als Gesamtensemble erhalten ist es nur in San Gimignano.

Frühmittelalter und Romanik

Saint-Antonin, Stadthaus der Granolhet,
2. Viertel 12. Jh., Straßenfront

RECHTE SEITE **Regensburg, »Baumburger Turm«, Wohnturm,** 3. Viertel 13. Jh.

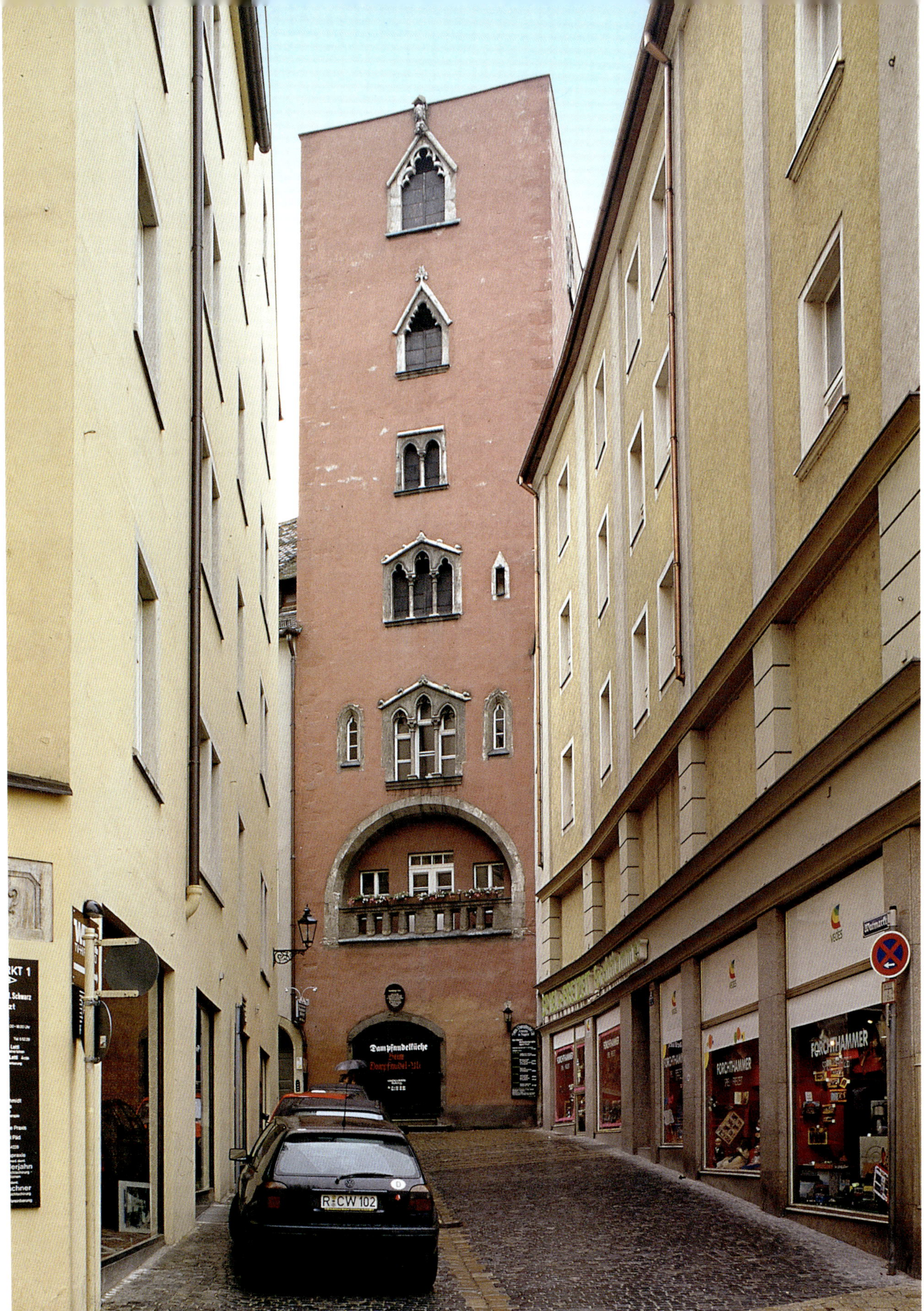
Dampfnudelküche
FORCHTHAMMER
FORCHTHAMMER
R CW 102

Frühmittelalter und Romanik

Burgen, Pfalzen und Brücken

Burgen dienten in den unruhigen Zeiten des Mittelalters als wehrhafter Wohnsitz und als weithin sichtbarer Ausdruck territorialer Herrschaft. Allein in Frankreich soll es bis zum Ende des 15. Jahrhunderts etwa 40000 befestigte Anlagen gegeben haben. Auf einem Hügel gelegen oder von Wassergräben umgeben, nutzten sie die Gegebenheiten des Terrains. Bewehrte Mauern mit Türmen, Toren und Zugbrücken bildeten den äußeren Verteidigungsring, in dessen Innerem sich der Palas, der Wohnbau und/oder der turmartige, freistehende Bergfried erhoben. Im Falle der Erstürmung der Burg diente er zur letzten Zuflucht der Bewohner. In England keep, in Frankreich donjon genannt, nahm er einzelne, bescheidene Wohnräume auf. Der Palas hingegen wurde repräsentativ ausgestaltet. Er enthielt neben den fürstlichen Gemächern eine eingeschossige oder eine Doppelkapelle sowie einen Festsaal (Rittersaal) für feierliche Empfänge.

Die Burg von Loarre präsentiert sich als gewaltige, architektonisch wie funktional gestaffelte Festungsanlage. Sie markierte die Grenze zwischen den zurückeroberten christlichen und den maurischen Gebieten Aragóns.

Eine Sonderform der Burg ist die Pfalz: Über das gesamte Reich verstreut, dienten Pfalzen als temporärer Wohnsitz deutscher Kaiser und Könige – einen festen Regierungssitz gab es nicht. Neben Aachen und der (rekonstruierten) Kaiserpfalz in Goslar haben sich in Gelnhausen Reste dieser äußerst komplexen Palastanlagen erhalten. Sie tragen aufwändigen bauplastischen Schmuck.

Brücken besaßen höchste strategische wie wirtschaftliche Bedeutung. Ihre Konstruktion, vor allem wenn sie in Stein ausgeführt war, basiert auf römischen Techniken. Dies belegt u. a. die Brücke bei Besalù (Katalonien), die am Kreuzungspunkt zweier Fernstraßen errichtet und mehrfach erneuert wurde.

Conisborough, kreisförmiger Donjon, mit Türmen verstärkt, 12. Jh.

Gisors, Burg, Shell-keep des frühen 12. Jh., Donjon um 1170

RECHTE SEITE **Provins, oktogonaler Donjon,** frühes 12. Jh.

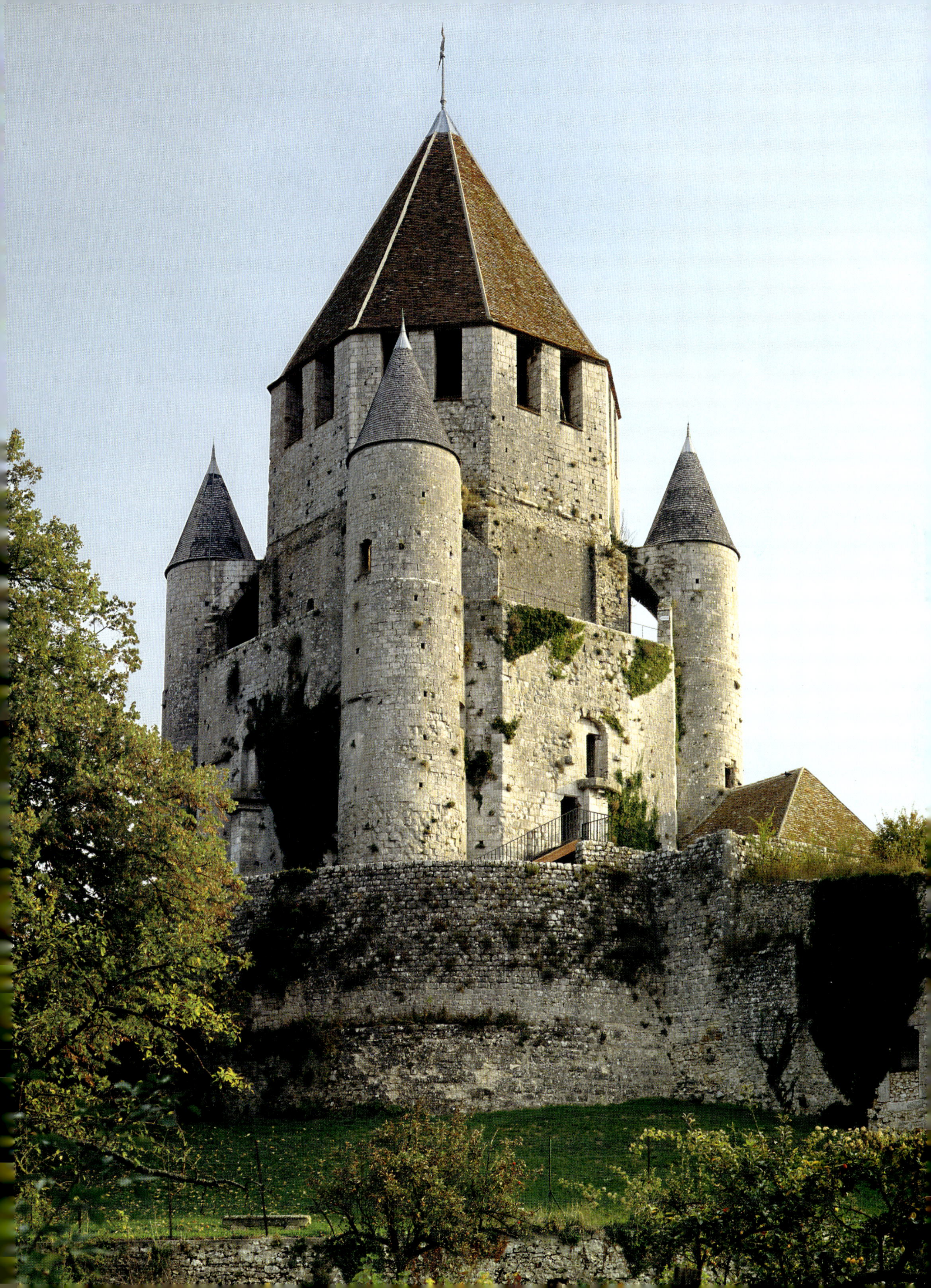

Frühmittelalter und Romanik

Gelnhausen, Palas, 2. Hälfte 12. Jh.

Die komplexe Bauaufgabe der Pfalz nahm vom 9. bis zum 13. Jahrhundert eine wichtige Stelle ein. Dennoch sind diese Anlagen kaum erforscht und nur an wenigen Orten erhalten. Zu diesen wenigen zählt die Ruine der Kaiserpfalz Gelnhausen, die immerhin erkennen lässt, welcher Aufwand an bauplastischem Schmuck eine kaiserliche Residenz auszeichnete.

RECHTE SEITE **Goslar, ehem. Kaiserpfalz,** 11.–13. Jh.

Ein Beispiel für den politischen Umgang mit dem architektonischen Erbe im 19. Jahrhundert ist die Kaiserpfalz in Goslar, wo 1868–79 das sog. Kaiserhaus rekonstruiert worden ist. Eine komplette Rekonstruktion ist auch die Hochkönigsburg im Elsaß, die der Architekt Bodo Ebhardt leitete. Sein Kollege Eugène Viollet-le-Duc leistete dasselbe in Frankreich, z. B. in Pierrefonds oder Carcassonne.

Profanarchitektur der Romanik

Frühmittelalter und Romanik

Profanarchitektur der Romanik

LINKE SEITE OBEN **Loarre, Burg,** 1070 ff.

Schon im 10. Jahrhundert war die Burg eine bedeutende, über römischen Grundmauern erbaute Grenzfestung zu den arabisch besetzten Gebieten. König Sancho Ramirez I. begann 1070 den Ausbau zur bedeutendsten Höhenburg seines Reiches. Die Kernburg umfasst drei gestaffelte Wohntürme, den Palas mit dem hochliegenden Festsaal (Biforenfenster) und die über einer Krypta gelegene, tonnengewölbte Burgkirche (vor 1096– ca. 1150), deren steil aufragende Apsis durch Vorlagen gegliedert wird. Seit 1071 ist in der Burgkirche ein Augustinerkonvent nachweisbar.

LINKE SEITE UNTEN **Besalù, Brücke,** 14. Jh.

Die Brücke über den Rio Fluviá, dort wo sich zwei Fernhandelsstraßen kreuzten, wurde seit der Antike immer wieder erneuert, zuletzt im 14. Jahrhundert in gotischen Formen. In der Mitte erhebt sich ein Zollturm.

Ribeauvillé, Ulrichsburg, frühes 12.–13. Jh.

Die Ulrichsburg ist eine der vielen staufischen Burgen des Elsass. Charakteristisch sind die Buckelquader, die besonders den Bergfried und den Palas auszeichnen und demnach ein Herrschaftszeichen sein könnten, die schönen Biforen an den Wohnflügeln und die kleinen, mit Lisenen und Bogengalerien geschmückten Apsiden der Burgkapellen, die aus den Mauern heraustreten.

Tuscania, San Pietro, beg. Ende 11. Jh.,
Fassadendetail